© ¡Dime qué posteas y te diré quién eres!

CAROLINA Sandoval

Autora: Carolina Sandoval

@venenosandoval

Carolina Sandoval La Venenosa

Caro y su faja

https://www.carosandoval.com/

Editor en Jefe: Andrea Vivas Ross

Diseño Gráfico: Become Creative Studio *@become_studio*

Corrección: Andrea Vivas Ross

Asistente Corrector: Corina Álvarez y Aireya León

Fotografías de portada, contraportada y páginas internas:

archivo personal del autor

Casa Editorial: *@paquidermolibros*

PAQUIDERMO libros

Producción Independiente:
©Paquiderpro, C.A.

Primera Edición: abril 2020
Segunda Edición: septiembre 2020
Miami, USA.

ISBN: 978-1-7356777-0-5

¡DIME QUÉ POSTEAS Y TE DIRÉ QUIÉN ERES!

@venenosandoval

DE DI CA TO RIA

Cuando llegó esta idea a mi cabeza, de verdad no sabía, específicamente, a quién dedicaría esta primera publicación. Y aunque sé que lo más común o lo clásico es dedicar todo lo que uno hace a la familia, yo tenía un enorme deseo de hacer lo correcto que, en este caso, para mí es dedicar este montón de letras a los que me escriben a diario y le dan *like* a cada *post.* Sí, esta dedicatoria va para mis seguidores, quienes durante años han seguido mi contenido, contenido que se reinventa y nutre gracias a ellos, a sus opiniones, preguntas, comentarios y hasta críticas.

Para todo *influencer*, sus seguidores son quienes alimentan esas ganas de seguir invirtiendo gran parte del tiempo en las redes, así que, sin lugar a dudas, este libro está hecho por y para ustedes. De verdad, gracias a mi familia virtual de Instagram, sin ustedes no sería lo mismo, de hecho, este libro no existiría.

Y, por supuesto, no puedo hacer una dedicatoria sin mencionar a mis seguidoras más fieles *@barbaracamilas*, *@mipedacitodeluz* que son mi alimento para el alma, inspiración y energía para hacer todo lo que hago.

INTRODUCCIÓN

Siempre me había preguntado ¿cuál sería ese tema que me haría dejar de ser virgen, literariamente hablando? Y, sin duda alguna, el tema de las redes sociales hizo que diera el brinco. Ojo, no porque no hubiese material escrito ya, de hecho, hay más libros de los que se imaginan, solo que yo soy una mujer de *feeling*, y por eso acá me tienen con mi primera publicación, hecha con mucho cariño para ustedes, la cual se titula ***¡DIME QUÉ POSTEAS Y TE DIRÉ QUIÉN ERES! @venenosandoval.***

¿Alguna vez se han preguntado por qué tienen redes sociales? Yo sí porque adoro el boom digital, adoooooro ver cómo lo establecido dejó de tener tanto valor frente a lo irreverente y adoro tenerlos allí, terapéuticamente hablando, pues son mis psicólogos de cabecera.

Siento que es perfecto poder tener interacción directa con la gente y traspasar la barrera de la distancia. Para mí, poder estar cerca de quienes viven lejos es maravilloso; el no necesitar los medios convencionales de comunicación para llevar un mensaje es algo de otro nivel. Yo he podido vivir ambos mundos, tanto el de los medios tradicionales como el de la era digital, que he visto crecer en primera fila y, desde mi perspectiva, hago un paseo por los típicos temas que tienen a la gente pegada a sus teléfonos, con los dedos llenos de cayos, con dolor de cuello y en el metacarpo (ese dedito con que le das *like* a todas mis publicaciones). Por cierto, yo soy *@venenosandoval*, mucho gusto ¿y tú?

CAPÍTULO I

#Caro2.0

Muchos se preguntarán cómo y cuándo empezó mi cuenta de Instagram ***@venenosandoval,*** y acá les voy a contar tan delicioso cuento. 😂😂😂 *By the way*, todos mis cuentos están relacionados con comida. *#Oops* 😉

Estaba sentada, como muchas tardes en *@budare_bistro* y entre Pepsi-colas, arepitas, tequeños y mandocas, empecé a hablar con Jesús. Claro, no piensen que tenía una charla con El Niño Jesús, 😂 me refiero al dueño del restaurante, Jesús Nieto; ese chico súper *millennial,* como yo le llamo, y a quien le llevo unos cuántos años y lunas. Y créanme que, aunque no lo veo a diario ni me la paso con él para arriba y para abajo, el cariño que le tengo es especial por ser un gran soñador como yo. *By the way, @budare_bistro*, desde mi paladar, es el restaurante más rico de comida venezolana que hay por estos lados en la Ciudad del Sol.

Particularmente, con Jesús hice tan buena química en ese momento de mi vida, que se convirtió, si se quiere, en mi gurú, en esa guía para ver una opción diferente dentro de la comunicación. Y, a su vez, fue esa persona que vio más allá de lo que ven los ojos; vio un potencial en mí para fidelizar mis seguidores a mi cuenta de Instagram. Fenómeno que pasó tal y como él lo visualizó. Es más, ese mismo día, que juro no recuerdo cuál fue, me dijo: “tú tienes que tener una cuenta de Instagram” y fue ahí cuando nació mi gran aventura en mi carrera digital, estaba naciendo una *influencer*. De hecho, mientras conversábamos, Jesús me sugirió ponerle el mismo nombre de mi cuenta de Twitter para que la gente no pensara mucho y fuera más fácil buscarme y/o recordarme en Instagram. Es que su forma de describirme esta plataforma fue tan vital porque me dijo: "a ti que tanto te gustan las fotos vas a amar Instagram" y no se equivocó. Él tenía razón, amé el Instagram desde mi primer *post* hace varios *posts* atrás. 😂😂😂

Cuento "largo-corto", también el día que empecé con mi Instagram, estaba iniciando una gran aventura que, sin pensar, iba a ser otra unidad de negocio familiar. Hoy día, quien se organice y sea disciplinado, puede tener en sus manos un gran trabajo; trabajo que se debe hacer con tranquilidad, sin afán y sin desgaste, porque mi gente, créanme que se nota cuando alguien crea contenido orgánico de verdad, y cuando alguien solo está pendiente de cuántos *likes* va a tener determinado video y/o foto.

Mi humilde sugerencia siempre será apostar a lo espontáneo, a lo natural, a lo que no tiene filtro.😂La idea es que disfruten el hecho de ser una referencia para alguien, que se lo gocen y si pasan cosas con sus publicaciones "que pasen", pero nada de forzar los procesos o las etapas.

¿Saben qué recuerdo como ayer? Cuando algunas personas me decían: "te tuve que dejar de seguir, porque todo el tiempo me salía un *post* tuyo". Me daba risa porque sí, a cada rato les salían mis publicaciones y era porque el mismo sistema de Instagram me estaba recomendando. Claro, todo depende del cristal con que se miren las cosas, ya que al sol de hoy, y luego de leer, de convertirme en un ratón de biblioteca, observar y escuchar a la gente correcta, sé que el éxito de un video o foto, aunque es impredecible, sí se puede encaminar o impulsar con el *hashtag* correcto, el mensaje y hasta el horario, pero eso no es más importante que un contenido genuino y que todo sea tuyo de verdad.

También les digo que si quieren "vivir del Instagram", que por cierto es muy distinto a vivir POR el Instagram, deben buscar información y no pensar que de esto aún no se ha escrito, porque sí existen testimonios valiosos que pueden servir como referencia, si fuese el caso que estás ávido de información. De hecho, mantengo y sostengo que este libro no pretende ni resaltar que yo soy una erudita del tema o que soy la mejor *influencer*, porque eso lo juzgan ustedes. Yo solo quiero compartirles un montón de anécdotas de una mujer que anda aún en pañales, en cuanto a redes sociales se refiere porque siempre hay mucho por aprender.

Les cuento más. Una de las referencias más importantes en todo el negocio digital es, sin duda, *@kimkardashian*. Sí, así les suene ridículo y muchos la vean a ella o a sus hermanas y piensen que no son más que una cara bonita con nalgas hechas. Pues no se equivoquen, porque la primera en hacer dinero con las redes fue Kim Kardashian. De hecho, el otro día leí que la primera en posicionarse con el tema del uso de los *hashtags* fue ella. Incluso, cuando el Twitter estaba en sus niveles más altos de popularidad, las marcas identificaron que gracias a ella sus números de ventas aumentaron con tan solo una mención de su parte. Para ser más exactos, hoy día la señora West sigue utilizando sus más de 63 millones de seguidores en Twitter (y ese número sigue creciendo), aunque el Instagram es la plataforma favorita de muchos.

La moraleja de esto, sin duda alguna, es que quien quiera hacer un negocio con su teléfono y llevarlo en el bolsillo, lo puede hacer, teniendo modelos a seguir e impulsando sus contenidos con coherencia y verdad. Varias personas que conozco se la pasan buscando una identidad en las redes y copian fórmulas que, si bien podrían ser una inspiración, a veces queda como una copia mal hecha. Y aunque el agua caliente ya está inventada, es siempre satisfactorio que tus *posts* tengan tu propio sello... No es ser el único, pero sí alguien distinto dentro de un mundo de gente que busca y busca, constantemente, algo genuino, orgánico, fácil de digerir. Claro está, cada quien puede manejar el ángulo que desee en sus redes, pero siempre pienso que el humor, en medio de tanta mala noticia, es una gran decisión.

CAPÍTULO II

#MisSeguidores

Bendito sea Dios por esto que me está pasando, no se pueden imaginar lo que significan en mi vida. Ustedes, los que me están leyendo, son la parte más importante de este asunto, los que me certifican que allá afuera tengo un montón de amigos que me regaló la vida y para mí la vida es Dios.

Sepan bien mis amores que cada publicación, cada historia que comparto tiene un porqué y la hago desde el ♥, desde mi pasión, esa que está a flor de piel y que ustedes sienten tanto o más que yo. Muchos creerán que todo y cuánto ven se hace pensando en el alcance que tendrá pero, para sorpresa de los que no me conocen, todo y cuánto hago es porque yo necesito expresarlo. Por ejemplo, el día que me disfracé de "Maléfica" para Halloween, tenía pocos días de haber visto la película y tenía a flor de piel todo su significado, más todo lo que una madre lleva por dentro y de lo que es capaz de hacer por sus pimpollos. Bueno, el caso es que luego de que me caracterizaron, me vestí y prendí la cámara, era como si mi alma estuviera hablando y empecé a soltar y soltar puro sentimiento. Maléfica es ese personaje en el que nos convertimos las mujeres cuando somos madres: unas leonas, unas defensoras, unas guerreras incansables y pare usted de contar... pero en plena descarga emocional, me dieron ganas de llorar pensando en las mujeres que son más mujeres que madres y en los maltratos hacia los niños. Con esos temas no existe forma que no llore. No admito el abuso a un ser inocente, no me cabe en la cabeza que un niño deba ser responsable de los errores de un adulto y cada vez que hablo de esto me conmuevo.

El caso es que si les contara lo que significa para mí que ustedes esperen mis publicaciones, así como ustedes me lo escriben, eso para mí no tiene precio. De hecho, un día recibí la carta de una muchacha que se había enterado ese día que tenía cáncer y decía que mis videos le daban ánimo para seguir contenta y esperanzada. También recibí, de parte de una seguidora, una confesión sobre el maltrato verbal de su esposo, al cual está expuesta, por haber perdido su cintura después de sus embarazos, y ella me decía que yo le había devuelto la ilusión de verse bonita frente a un espejo con mi frase *#QueBellaMeVeo*, la cual le había dado fuerza para ver más allá y apartarse de esa relación tóxica y dañina para su autoestima.

Vale la pena acotar que esta frase ***#QueBellaMeVeo,*** *más que un comentario "ególatra", es una afirmación poderosa.*

De verdad, no les puedo explicar lo feliz que me siento al saber que mi Instagram es más que una cuenta y que, día a día, voy tocando más corazones. Eso me conmueve y me hace verificar que las redes no son malas, sino que hay personas que hacen un mal uso de ellas.

Creo que si me pongo a enumerar las veces en las que he llorado a mares luego de un email o de un mensaje privado de Instagram, no pararía de contarles. Es más, fíjense en la dura historia que recibí por parte de una seguidora, madre de una adolescente, que me partió el alma. Esta mamá de la cual les hablo, me escribió a finales de las vacaciones de verano pidiéndome que hiciera un video sobre las chicas que no querían ponerse su uniforme porque estaban pasaditas de peso. En efecto, yo le respondí y le dije que contara con eso, y me propuse hablar de lo que viven las adolescentes en la actualidad y la manera de enfrentar el *bullying*.

Ese video tuvo mucha receptividad. Formó parte de *#ElTrasnochoConCaro* (programa que hago desde hace ya un año en mi Instagram cada noche) y, de verdad, ese día sentí que estaba por el camino correcto y que estaba usando mi Instagram para algo más que un *like* (capítulo que leerán más adelante). Ahora bien, esa mamá y yo seguimos en contacto, y la propia niña me escribió para darme las gracias por impulsarla a sentirse bien con ella misma tal y cómo es. Claro está, ya quisiera yo poder tener la capacidad de influenciar a todos y cada uno de los que me escriben a diario, pero la verdad es que no tengo ese alcance, y los *influencers* no somos Dios ni pretendemos serlo y, obviamente, con este comentario no quiero que me tomen por odiosa porque es la pura verdad. Aunque también es verdad que con mucha gente me engancho y sigo una amistad y contacto 'digital', por así decirlo.

Y les cuento que uno de esos tantos mensajes privados que recibo es de la mamá en cuestión (que les vengo mencionando) para decirme una terrible noticia, que una amiga de su hija se había suicidado, que el colegio en el que estudiaban se encontraba muy apagado por esa noticia tan impactante y que eso había sido un golpe inmenso a nivel emocional para las familias y amigas de la niña. Imagínense mi cara al leer esto, mi sentir... qué se le puede decir a alguien que te cuenta algo así (hasta una foto me envió). Lo primero que hice fue rezar, este tipo de cosas me conmueven en lo personal, pues nadie sabe qué tan cerca o lejos está de ayudar a alguien en esta situación.

Entre otras cosas, al parecer, la niña estaba pasando por problemas fuertes de burlas muy agresivas por parte de sus compañeros, y solo les puedo decir que lloré mucho.🙁 Me pregunté varias veces por qué yo no tenía más poder para llegar a más corazones que, al final del día, es lo que más me gusta de todo mi mundo digital.

Como les vengo diciendo, para mí los seguidores son familia, no solamente un número que eleva mi audiencia y mi enganche.

Hablando de todo esto, no puedo dejar de contarles y compartirles un hermoso mensaje que tocó mi alma en el 2014, como a principios de octubre, antes de la operación a corazón abierto de mi papá:

> ***“Saludos, Carolina.*** *Ya enterada de que la próxima semana operan a tu hombre favorito, quiero que sepas que soy enfermera graduada y he trabajado en área de cardiología, telemetría e intensivo, con diferentes pacientes de condiciones muy críticas. Ha habido momentos que como enfermera veo que no hay posibilidades pero, como cristiana, he visto los más grandes milagros, inexplicables para los médicos, pero maravillosos para quienes tenemos fe. Carolina, donde terminan las posibilidades humanas, comienza a obrar la mano de Dios. Un fuerte abrazo para ti y tu familia, con mucho cariño. ¡Dios los bendiga!”*

Obviamente, ya saben lo que terminó pasando en febrero de 2015, en donde también comprobé la bondad de Instagram, la compasión de mis seguidores y que las redes sociales no eran el lobo feroz. Ese 23 de febrero de 2015, cuando mi papá cambió de *zip code* y se mudó al cielo, no sé ni cuántos mensajes recibí luego de abrir mi corazón y de contarles con un *post* que mi papito se había ido... acá lo que escribí ese día:

*"Tengo el corazón partido **#MiHombreFavorito**, ¡mi Oswaldo Sandoval se me fue! No sé qué siento, no sé ni qué hago acá escribiendo, solo sé que durante todos estos años fuimos muy felices. Entre lágrimas y con su voz intacta en mi corazón, solo rezo un Padre Nuestro por su alma que es la mía. Esto es muy duro, muy difícil, escribir no sé si me calma, pero expresar esto tan grande que sentimos **#LosSandoval**, es algo que jamás hubiese querido contarles. Solo les pido una cadena de oración por el hombre más bello de mi vida, ese hombre que me enseñó a caminar, que me enseñó a entender que las piedras son más bellas que las flores. Nunca podré dejar de sentir ese último abrazo, ese último beso, tu olor.*

Gracias por esos viajes a Mérida, por enseñarme a amar la lectura y la poesía, la educación que me diste por medio de tus enseñanzas. Gracias por esas mañanas camino a la universidad y por todos esos consejos como el gran amigo que siempre fuiste. Te amo, papá. Entre lágrimas y con este dolor que me aprieta el alma, solo les pido que hagan una cadena de oración por mi familia.

Todo fue tan inesperado... nunca dejen de decirles a los que aman, que los aman. #CosasQueSienteCaro #Papá #MiPapá siempre seré tu sol. #23Febrero2015 ***@OswaldoyAmalia @Pekas007 @barbaracamilas".***

Luego de este mensaje que escribí (el cual aún me saca lágrimas al leerlo de nuevo), recibí 1992 comentarios. Miles de personas sintiendo mi dolor por medio de un *post*. Y cabe acotar que sé el número de mensajes porque, para escribir este libro, volví a leer el escrito. Les soy honesta, en ese momento no tuve el chance emocional de poder darles las gracias, era como que quería abrazarlos a todos por sus apapachos digitales. Dios, no saben lo que sentí cuando escribí cada línea... y créanme que no se lo deseo a nadie. Lo que recuerdo del momento en que escribí ese *post*, luego de llamar muchas veces al celular de mi papá sin resultados, es que me senté en el piso detrás de la puerta de mi cuarto sola y escribí eso, sin siquiera poder ver bien las letras del celular por mi llanto. Mi Instagram se convirtió en esa pastilla, en eso que necesitaba por ese instante. Mi gente, no saben y no les puedo explicar. Por eso es que, el Instagram para mí es terapéutico, una bendición, un desahogo... me quedo corta al definirlo.

Ese *post* me cambió la vida para siempre, ese *post* fue el último que escribí en semanas. Mis dedos estaban en shock, no podía sino llorar y pensar que era una pesadilla. Mis seguidores no daban crédito de mi ausencia y, aunque mi cuenta aún no estaba en el nivel de ahora, me refiero a todo, mi contenido, mis programas (porque no existía IGTV), mi ausencia era evidente, pero fue respetada.

No me acuerdo cuándo volví al Instagram, no lo sé, pero sé que cuando lo hice, fue también impactante, porque nunca faltan las personas sin corazón que, luego de colocar una foto, escribieron cosas como: “El luto no te duró nada”. Ya quisiera yo que nadie pasara por el dolor de perder a alguien, ya quisiera yo que el dolor o el luto se me hubiese quitado con ponerme un vestido de color.

No ha sido fácil, es extremadamente difícil vivir sin mi papá, pero a la vez todo esto me hizo más fuerte y compasiva para entender el dolor ajeno. Y hasta me hizo comprender que la miseria humana, a veces, es producto de las vivencias, de las carencias y en el Instagram se refleja todo lo que los seres humanos somos. Por eso entiendo que las personas que escribieron mensajes con mala intención, lo hicieron por ellos, porque esos mensajes yo no me los tomé personal, ya que no tenía tiempo para eso.

Así que mis amados seguidores, gracias por tanto amor, gracias por tanto cariño desinteresado, sin ustedes nada de esto sería posible y, para serles sincera, en este instante estoy llorando de nuevo, pues debo reconocer que la falta de compasión me hace llorar tanto como las injusticias.

CAPÍTULO III

#InfluencerYo?

Érase una vez una *influencer*...

Pues como quien dice, esa palabra que toda la vida escuché en español "influenciador", pero en otro contexto, ahora me define. Claro, yo escuchaba esa palabra cuando alguien decía "tal o cual persona es buena o mala influencia para Fulanito", y nunca imaginé, tan siquiera, que ser influencia para alguien sería un oficio... ¿me explico? De hecho, para todo el mundo es bien sabido que ser punto de referencia para alguien es, si se quiere, una cualidad, o por lo menos para mí lo es.

Hoy en día, al saber que mis distintos roles en la vida me han llevado a influenciar a tanta gente, me llena de orgullo y, a su vez, me pone en el compromiso de siempre ver más allá de lo que podría generar algo que publique. Y a pesar de que cada persona define e interpreta el contenido de cada *influencer* como quiere, en mi caso me queda claro que el generar una emoción en algún tipo de seguidor, sin duda, es una referencia para saber que el mensaje está llegando. Sin embargo, aunque me defino como una *influencer* espontánea, también debo decir que la respuesta de mis fieles seguidores siempre determina el rumbo de mi contenido, que es para ellos exclusivamente.

Por eso es necesario que mis seguidores sepan que este rollo de las redes me lo tomo en serio, lo cual me llena en todo sentido y me hace ser más responsable con lo que publico en mi Instagram. Obviamente, eso también me llena de orgullo y humildad. Y, aunque estoy segura de que existen personas que piensan en la palabra 'orgullo' relacionándola con otros sentimientos, para mí no se trata de un orgullo que alimente el ego, sino de uno lleno de humildad y de sentimientos bonitos al saber que cada persona que ve los videos, fotos y mensajes que publico, en su mayoría, se identifica con mis pensamientos, anécdotas e historias, porque si no, no estarían visitando mi cuenta para bien y/o para mal. Y obvio, sé que no soy monedita de oro para que todos me amen, pero sé que si bien es cierto que existen los *haters* o "lombrices digitales" (de las que hablaremos más adelante)😂 son más las miles de personas que me siguen porque, como dicen por ahí, me ven con buenos ojos. 😍

Ahora bien, si en líneas anteriores les dije que mi contenido es determinado por mis seguidores, también es cierto que no debemos dejar a un lado nuestras emociones genuinas a la hora de postear, es decir, primero va lo que somos y luego aparecen las personas que adoran o rechazan lo que hacemos, y es por eso que hago énfasis a diario, y desde mi punto de vista, que los *influencers* no debemos basar nuestro contenido en lo que alguien espera de nosotros porque se pierde la espontaneidad y la frescura. Recordemos que siempre habrá los llamados *haters*, 'odiadores profesionales' y/o lombrices digitales, 😂 esa gente anónima y que no va "de frente en mi cara" no merece mi atención. No se los niego, a veces he caído en la trampa de responder, pero les aseguro que cada día importan menos.

By the way, según el diccionario, la palabra 'influyente' es un adjetivo que se utiliza para definir a la persona: "Que tiene la capacidad necesaria para influir mucho en algo o alguien". Por eso es que una de mis metas como *influencer*, por ejemplo, es inyectar en todas las mujeres que han pasado por cambios físicos, que la vida sigue más allá de una cintura, de unas estrías y de un 90-60-

90, que entiendan que no deben complacer a nadie, sino a ellas mismas, me encantaría ser promotora de este pensamiento.

De hecho, en los últimos tiempos, escuchamos dobles discursos que consisten en confundir a personas inseguras que recurren a las redes en busca de ver a qué grupo pertenecen, lo que a mi parecer, es reprochable porque se aprovechan de ellas. Por eso, para mí es tan genuino e importante, el poder hablar de cosas cotidianas y normales sin reprimirme, desde un lenguaje comprensible y sin mentiras porque, además, reprimirme sería discriminar a ese sector que asume que si no tienes el cuerpo de modelo de pasarela, no tomas jugo verde y no viajas, no puedes pertenecer ni aspirar estar en Instagram y ser relevante. Es por eso que cuando digo "cosas cotidianas", me refiero a hablar del proceso de posparto, de hablar de algo tan simple como orinar e, incluso, de algo vital como comer. Les cuento que, a lo largo de todo este descubrimiento de mi vida como *influencer*, también agradezco la confianza que me dieron tantas marcas, grandes y pequeñas, de dar a conocer sus productos y/o servicios.

Es un trabajo en equipo, ya que todo cliente sabe que si no tiene una persona que sea referencia para muchas más, no tendrá los resultados esperados en la monetización. Y acá vuelvo a emplear términos que, a lo largo del desarrollo y evolución de las redes, han venido a ponerse en el tapete. Eso sí, gústele a quien le guste, el "de boca en boca", que ahora es digital, es un éxito y está comprobado.

"Dime a quién conoces y te diré cómo te va", también es verdad, pues es innegable que el *networking* entre *influencers* y clientes es lo que genera ese movimiento con buenos resultados. Y si bien es cierto que no estoy descubriendo una fórmula ni hablando de valores, mi experiencia me motiva a documentar lo que creo importante compartir. Vale la pena mencionar desde ya, que con esta publicación de mis pensamientos no pretendo convertirme ni pasar por una "gurú", porque también es cierto que con el tema digital todo el mundo es "experto" en redes y hasta motor de búsquedas.

#Llámame

El 'llámame', dentro de mi lenguaje de redes, se convirtió en una de esas palabras claves que detectaba un problema por algo que había publicado. Eso sucedió en mis redes cuando di el brinco de una cuenta normal a una cuenta de referencia, y ojo, no quiero pasar por creída al decir que mi cuenta no es normal. Simplemente pasé de estar desapercibida a ser noticia por cualquier *post* que subiera en mi Instagram, ustedes me entienden. De hecho, las personas que me siguen se empezaron a identificar más conmigo al normalizar lo que se había convertido en tabú. 😉

En serio, la palabra 'llámame' era eso que ocurría cuando publicaba algo que a cualquier persona dentro de mi infraestructura convencional de trabajo le parecía fuerte, subido de tono, exhibicionista, o no acorde con mi rol televisivo... al final del día, era ese estereotipo que existe o que le colocan a las personas que hacen televisión, según el criterio de otra persona. Esto quiere decir que si yo soy "jefe" y siento que un color en particular es ofensivo, o que el utilizar algas marinas como mascarilla facial es indecente, yo con mi poder conseguiré que mis subalternos bajen el contenido que "a mí no me gusta", como si eso fuese la verdad absoluta, cosa que NO EXISTE.

De hecho, debo reservarme el nombre, porque para ese momento yo lo veía como alguien que no es. Él era la persona a quien siempre recurrían o molestaban para que yo me enterara de que mi contenido le había dado alergia a alguien. Esta parte suena divertida, pero yo la defino como una de las peores injusticias que me ha tocado vivir con el boom de mi Instagram. Mientras más crecía en mis redes, más molestaban: que si la ropa no era la apropiada para una presentadora, que si el mensaje, que si la manera de saludar... fueron varios puntos que, sin duda alguna, fortalecieron mi contenido y mi manera de afrontar el éxito digital.

En la medida que molestaban, yo tenía la certeza de que algo muy grande estaba logrando. Y fíjense cómo es la vida que, hoy día, más bien me respetan y saben el alcance de mi influencia en redes, tanto que me siguen diciendo "llámame", pero para que les ayude a promocionar desde un bautizo de muñeca, hasta una película en el cine.

Tal vez, lo que yo podría concluir con referencia a este tópico, es que tal y como dice un pasaje de la Biblia (parafraseo): "al árbol que tiene frutos es al que le tiran piedras". Es decir, este es el precio que hay que pagar por elegir ser original y auténtico a la hora de hacer bien el papel de *influencer*. Hasta que uno no entiende las palabras que lo definen, no se puede actuar con seguridad; y créanme que en varias ocasiones, con esos 'llámame', lloré de frustración y rabia por tener que borrar, esconder o modificar un contenido.

Recuerdo, como si fuese ayer, estar hablando con una persona muy importante de una agencia de talentos y, mientras me metía en mi canal de YouTube 'Caro y su faja', a decidir cuál contenido debía dejar de tener visibilidad, ella me decía: "Caro, no vale la pena esto, no te desgastes, de pronto puedes hacer también otro contenido en este canal de tus fajas y va a ser llamativo para tus suscriptores". (Obvio, también es una buena amiga). Allí empezó una nueva etapa en mi canal, en el cual, por cierto, ya soy oficialmente *Youtuber*. Sé que estamos hablando de mi rollo en Instagram, pero una red arrastraba a la otra en todo esto que me estaba pasando.

El hecho de que mis redes alcanzaran las vistas que, de pronto, muchos programas de tele no consiguen, eso les causaba envidia o celos, porque las cosas se dicen por su nombre. Y ojo, no soy de las que anda pensando que todo el mundo me envidia o que todos quieren ser yo, pero la verdad sea dicha.

Y si por casualidad han llegado hasta esta parte y se están preguntando "pero, ¿de qué está hablando Caro?", pues muy sencillo, cuando uno es *influencer* y, a la vez, periodista con experiencia en televisión, el tema de las redes está aun más expuesto porque pertenecemos a los dos mundos y casi siempre todo lo que sale en las redes tiene repercusión en los medios convencionales.

Un episodio, también inolvidable, fue el día que me dijeron que no podía utilizar la etiqueta *#LaReinaDeLaFaja* en el mismo *post* de un evento musical muy conocido. Allí recuerdo que solo dije que era muy raro recibir ese *feedback* cuando la propia presentadora del evento, en sus publicaciones, había hecho referencia a una bebida para adelgazar y que eso me parecía similar a lo que yo había hecho.

Obvio, chicos y chicas, cuando uno defiende su punto con argumentos válidos, uno siempre gana y, a pesar de que me molestó el comentario, me dio más razones para pensar que eso era personal y no como me lo estaban pintando... era mentira que mi contenido estaba dañando un evento a nivel de campaña y, mucho menos, que tenía que ver con algo corporativo. En este punto de mi vida, me doy cuenta de que fue una cacería de brujas, como quien dice, pero llegó a su fin, porque al que actúa bien le va bien. Ahora soy más positiva y sé que no debo dejarme llevar por el romanticismo literario, lo que sin duda alguna fue lo que pasó. 😂

Al final del día, mis publicaciones siempre han sido divertidas, motivacionales y, más que herir a alguien, han salvado a muchas personas que lo único que necesitaban era reírse o encontrar a alguien que les recordara que la vida es más que un cuerpo de medidas perfectas. Pero bueno mis amores, si me quieren llamar háganlo, pero por Instragram, allí estoy siempre los 7 días de la semana, 24/7 y recuerden que todo pasa, que nada es para siempre y que lo bueno perdura en el tiempo. 😉

#Bórralo

¿Cuántos de ustedes han tenido que pasar por el fastidio de tener que borrar un *post*? Sé que todos o casi todos; que si a tu amiga no le gusta cómo se ve en la foto, que si lo que se ve detrás no es apropiado o que si a alguien de tu trabajo le parece que ese contenido no va contigo y pare usted de contar.

Incluso, creo que censurarse uno mismo es peor que otro lo haga, porque en algún punto seguro has subido algo al Instagram y te has quedado pensando "¿será que sí fue bueno publicar eso?". La verdad, desde que abrí mi cuenta, he pasado por decenas de *post* borrados, bien sea por criterio propio, porque eran para una promoción de tiempo limitado o por la persona que me decía "Llámame" y "Bórralo".

Hoy en día, las redes han tomado una importancia de niveles increíbles, mucha gente ha perdido empleos por comentarios inapropiados, por un *post* con contenido racial o, incluso, se han terminado relaciones por fotos que delatan un evento privado que salió a la luz por un *selfie* o por un *story*. Recuerdo el escándalo que se formó cuando un actor, en una cena, fue capturado por la indiscreta cámara del celular de su novia mientras hacía comentarios inapropiados de quien fuera, para ese entonces, la nominada al Oscar como mejor actriz: Yalitza Aparicio. Es el típico caso de cosas que recogen los celulares, en segundos, y que luego te puede costar tu carrera o darte un dolor de cabeza por haber sido publicado en Instagram.

En mi caso, en las ocasiones que, por pedido de alguien de peso, tuve que borrar contenido o ponerlo privado, no les puedo explicar la impotencia. Me parecía una violación a mis derechos, a mi libertad de expresión y, mucho más, a mi trabajo en social media, porque mis redes, en particular mi Instagram, son otra unidad de negocio de mucho peso en mi estructura económica. Estructura que, por cierto, jamás habría sido posible sin esos primeros *posts* que llamaron la atención y dieron pie a que corporaciones, productos, cadenas de comida rápida, entre otros, recurrieran a mí para promocionar sus negocios.

Claro está, que aunque mi Instagram sí se convirtió en una plataforma publicitaria, nunca ha perdido su manera orgánica de fluir. Creo que el contenido en el cual, evidentemente, estoy impulsando algún producto y/o negocio, jamás carece de mi sentido del humor, siempre tiene ese toque que trato de darle a todo y cuanto publico; primero, por respeto a mis seguidores y segundo, porque me juré no dejar de ser yo; a quien le guste que me siga y a quien no que cambie de canal. 😂

De hecho, esa es la ventaja de las redes, que hay tanta variedad que puedes seguir al *influencer* con el que más te identificas, el contenido que más te llama la atención y formar parte de la estructura de esa determinada cuenta. Ahora bien, es básico para mí compartirles algo que siempre digo "es más grave y evidente borrar un *post* que incluso postear". Cuando alguien borra un contenido es más llamativo, indiferentemente de lo que este contenga, porque eso lleva a muchas lecturas por debajo de cuerda... se puede pensar que ese *post* afectó a alguien de forma directa, que ese *post* fue subido a Instagram en un momento de rabia o que, simplemente, recibió la fulana llamada de "Pepe Grillo" con el *disclaimer* "bórralo, bórralo, *DELETE* ya mismo".

En mi historia de *posts* borrados están varios que, de haberse quedado publicados, se hubiesen convertido en virales. Y, aunque yo no suelo crear contenido con el fin de viralizarlos, créanme que las veces que lo tuve que hacer fue con la convicción de que ALGO BUENO estaba haciendo.

Vale la pena acotar que si quieren ver algunos de los *posts* que me obligaron a borrar, pueden escribir mi nombre en Google y buscarlos, porque lo más cómico es que estos *posts* fueron tan llamativos que fueron hasta reseñados en los medios impresos y digitales como noticia, por la irreverencia del mensaje, por la ropa o porque simplemente, aunque suene muy poca modesta, mis publicaciones siempre son esperadas para ver con qué voy a salir y a la prueba me remito. *By the way*, si encuentran los más polémicos de mi carrera, *please tag me!* 😂😂😂

#TagMe

Ahora hablemos de la gente que, en lugar de decirte "hola", te dice "*tag me*". Pues sí, hablemos de esa gente que, de forma descarada y directa, te hace saber que su único interés es que los publiques en tu cuenta. Y ojo, es bueno destacar que el '*tag me*' sí es uno de los elementos más valiosos dentro del mundo digital y eso nadie lo puede negar, pero también es verdad que hay que ser descarado para exigir un *tag* por tan solo enviar un regalo.

Les explico, mi compañía de marketing digital empezó cuando los regalos no paraban de llegar y muchos negocios y/o compañías me localizaron para establecer una relación comercial conmigo como "marca" para que le comunicara a mis seguidores las cualidades y ventajas de sus respectivos productos. De hecho, se podría decir que, de un montón de regalos, salió una oportunidad de negocio y eso se agradece, pero existe gente que, fácilmente, puede desubicarse y creer que es una obligación, por parte del *influencer*, publicar su producto porque se lo envió con la clara determinación de recibir un beneficio a cambio y sin pagar lo que eso cuesta. Vale destacar que en la medida que una cuenta de Instagram crece, así mismo crece su alcance porque las personas que siguen el contenido del *influencer* lo hacen por varios motivos, entre ellos, la credibilidad a la hora de mencionar que un producto, lugar o servicio es bueno.

Yo puedo decir que, dentro del grupo de *influencers* que conozco, me caracterizo por ser justa y educada, porque si recibo un obsequio yo sí hago el *tag* de los negocios en mis historias; yo no tengo, como dije anteriormente, la obligación de hacerlo porque ahora tengo un grupo de personas que llevan mi cuenta como una agencia de publicidad, en la cual ofrecemos campañas efectivas, alineadas a mi contenido, con el fin de promocionar un servicio, un producto o una persona.

Muchos lo verán, como en el caso de los *haters*, como algo que le quita a la persona lo genuino de tener una cuenta de Instagram (así me lo dijeron alguna vez), pero hoy día el Instagram es una fuente de trabajo para muchas familias que han sabido monetizar su talento de llegar a miles de personas por su sinceridad y forma espontánea de tratar la cotidianidad. En el caso de las relaciones que se mantienen entre *influencers*, es de "caballeros", como quien dice, darse una manita entre todos. Por ejemplo, me ha pasado que amigas que se convirtieron en *influencers* me envían sus productos por medio de sus equipos de trabajo y, por supuesto, uno les publica porque sabemos que eso se llama 'publicidad mutua' o *'cross promotions'* o como quieran llamarlo. Incluso, es tanto así, que ni siquiera se menciona el '*tag me*'; es que como decía Juan Gabriel, que en paz descanse: "lo que es obvio no se pregunta". Y uno no quiere ser incómodo para un compañero que vive lo mismo con los miles de regalos que recibe también. Ahora bien, yo me pregunto y esto es bien serio👉 ¿no es mejor que el 'tag me' sea espontáneo cuando envías un obsequio❓ o, yendo más allá, no se ha establecido un código entre ambas cuentas involucradas como para saber que la publicación será inminente? Es que de verdad no saben lo incómodo que me parece que alguien esté todo un día enviando mensajes para recordarme el bendito 'tagueo'... si yo les contara con nombres y apellidos se quedarían locos, por eso mi sugerencia es, desde el principio, establecer una relación lo suficientemente clara con las personas, para evitar pasar por estos asuntos tan poco agradables, por lo que me parece pertinente tocar el tema de los fulanos "intercambios" a continuación...

#Intercambios

Esta palabra ha prostituido un poco el Instagram, porque se ha malinterpretado y asociado a la palabra 'regalo' sin serlo. La verdad, es que la publicidad siempre ha sido algo costoso y a la prueba me remito; es más, les invito a que averigüen cuánto cuesta anunciarse en eventos televisivos como el *Super Bowl* o un certamen de belleza como el Miss Universo. Luego de que averigüen eso, me avisan y me comentan.

Y esta introducción la hago porque es importante señalar que por esa palabra, 'intercambios', algunas personas suponen que por una cena de $200, en un restaurante, ya tú les vas a publicar algo en tu cuenta de Instagram. Lamentablemente, por unos pocos pagamos todos. Y ustedes dirán "pero entonces, Carolina, ¿me vas a decir que no haces intercambios?". Y yo les devuelvo la pregunta: ¿un *post* en mi cuenta o en cualquier cuenta de Instagram cuesta $30, que es lo que te cobran por un pedicure, por ejemplo? La respuesta es 'no' y me parece una falta de respeto que alguien lo suponga o lo dé por hecho. En mi caso, tengo un sistema de *networking*, en el cual manejo una base de datos que tiene desde compañías de limpieza, doctores, colegios, panaderías, heladerías, organizadoras de fiestas, hoteles, etc., que si cualquier persona desea solicitarme información o quiere ver con quiénes trabajo llega fácilmente a ellos. Y si hablamos de costos y valor de los servicios, por ejemplo, a cada persona que me ofrece un servicio le pido el precio de lo que cuesta, así mismo, esa persona recibe información de cuánto cuesta anunciarse en mi Instagram.

Cabe acotar, sin que suene pedante, que mi cuenta de *@venenosandoval* tiene más vistas que muchos programas de televisión, al igual que las cuentas de casi todas las personas con un gran poder de convocatoria. Dicho esto y habiéndolo analizado, no existe la posibilidad de que les digan que hago intercambio porque no es así, mi creatividad, mi manera de dar a conocer un servicio o la forma de promocionar un producto lo valen porque son estrategias de mercadeo, tal cual como una agencia de publicidad (que, por cierto, ahora las propias agencias de publicidad tienen sus dinámicas en digital con una cartera de influenciadores).

Ahora bien, yo me hago otra pregunta: ¿no les parece una falta de respeto que en el propio gremio digital de los *influencers* se utilice la palabra 'intercambio' de la manera que se usa? En días recientes, alguien me comentó "ya no estoy haciendo intercambio", a lo que yo, inmediatamente, le contesté que nunca había hecho un intercambio con marcas ni compañías o personas, que el concepto incurría en abaratar tanto el producto como el *influencer*, y que era una pena que viera su negocio como una microempresa que hacía intercambios. Incluso, hasta les invité, como acostumbro a hacer cuando hablamos de esto en grupo, a leer y/o escuchar el audio libro *Aprendiendo de los Mejores* de Francisco Alcaide Hernández. Claro, recomendación que puede ser tomada o no en cuenta, porque cada quien sabe lo que le funciona o no.

Lo que pretendo es hacerle entender a la gente que, entre sus unidades de negocio, también tiene el Instagram, pero bueno, yo respeto su propia gestión, indiferentemente del número de seguidores que maneje; cada cuenta de Instagram tiene un valor, un alcance. En mi experiencia, son tan necesarios los *influencers* que tienen 22 mil seguidores como el que tiene 5 mil, todo está en la manera de manejar su contenido y su credibilidad.

Y de verdad, eliminen la palabra 'intercambio' porque no están intercambiando baratijas. Es más, tengo que contarles una anécdota, cuando mi hija *@barbaracamilas* cumplió 15 años, le celebramos una fiesta hermosa de cuento de hadas, fiesta organizada por un equipo hermoso de soñadores.

En la mayoría de los casos, siempre me quedo con la gente cuando me enamoro de su personalidad y su trabajo maravilloso. Hoy, más que nunca, adoro y aprecio a la gente que no anda pensando cuántos seguidores va a ganar luego de una fiesta o quiénes empezaron a seguirlo después de un evento que, obviamente, tendrá mucho tráfico en las redes. Y cabe acotar que es por eso que me sigo quedando sorprendida cuando alguien llega a contactos que jamás habría podido llegar, gracias a uno, y luego es capaz de decir que no ha visto mucho el resultado de tu gestión digital.

Por esto es hasta mejor no hacer intercambios, pues la gente cree que te debe un favor o tú a ellos y que eso les da la libertad de exigir o de no publicar si así fuese el caso. Al final del día, ustedes dirán "intercambio es intercambio", pero a veces termina saliendo más caro y, como dice el dicho, "lo barato sale caro".

Es que a mí me han sucedido cosas tan cómicas que no vale la pena señalar quiénes son con nombre y apellido, porque hay gente que jamás me dijo "gracias Caro porque por ti llegué a tal persona", y es así, muchas han sido contratadas por mamás porque las vieron en mi Instagram como si de un catálogo se tratara. Esos son algunos de los casos que uno se pregunta: ¿quién ganó más? Y ojo, yo no necesito reconocimiento porque entre cielo y tierra nada hay oculto, y cuando uno se va (y supongo llega al cielo) es como un menú, todo está escrito y Dios sabe a quién uno ha ayudado de manera espontánea.

Volviendo a la fiesta de los 15 años de mi hija. Cada flor, cada postre, cada diseño de la pista de baile, cada pedazo de tela de su vestido, y pare usted de contar, fue producto de un trabajo en equipo que duró meses y muchos (que entiendo viven con frustraciones) llamaron 'intercambio' y dijeron que a mí todo me lo regalaron. De verdad, a casi dos años del evento, aún me sigo riendo y disfrutando cada foto. Cierro los ojos y recuerdo todo tan espectacular, que puedo decirles que tengo el mejor equipo de fiestas. Y todos son tan talentosos que es verdad que el impulso que yo les pueda dar es valioso, porque de pronto los coloca en el ojo público, pero cada una de las compañías que utilizo para mis eventos personales son maravillosas y no hacemos otra cosa que *networking*. Incluso, cada día sigue creciendo más y más nuestro grupo de fiesta, porque se van incorporando más personas con microempresas de gran alcance e ideas estupendas de *marketing*, donde casi todos entienden el tema de la publicidad.

Y quise tocar este tema porque es vital para mí poder expresarme sobre esto, incluso, creo que hasta un libro podría sacar con mis anécdotas del fulano tema de los intercambios.

#FollowMe

El '*follow me*' o el 'sígueme' también es un *hashtag* o etiqueta muy significativa dentro de la dinámica de cualquier *influencer*. Por ejemplo, en los concursos se utiliza esa palabra para convocar a más gente, o para que te sigan en esa u otra plataforma. El *follow me* se ha convertido, tal vez, en ese otro elemento dentro de la plataforma digital que, quizás, es lo que equivale a lo que uno hacía antes con una persona recién conocida: "ay dame tu teléfono y te marco, o déjame saber dónde te puedo localizar"... o sea, al seguir la cuenta de un programa de televisión, puedes, tranquilamente, localizar a la persona que quieras seguir.

Entonces, si bien es cierto que podría ser un lenguaje que entendemos todos los que tenemos Instagram, también yo pienso que se está utilizando de una manera equivocada. ¿Por qué digo esto? Porque insisto en lo mismo del contacto, hay muchas presunciones... que si yo no te estoy siguiendo en las redes para mí tú no eres importante; es que si te sigo en las redes te estoy buscando con otra intención... esto es todo como muy raro, yo lo veo así, porque es impresionante que tú sientas, en muchas ocasiones, que la gente no te está tratando por quién eres, sino por cuántos seguidores posees.

Cuando tú te encuentras en este punto, y vuelvo y digo, yo no creo que yo sea tal vez una referencia muy valiosa en ese sentido, porque ya yo lo tengo clarísimo, yo sé cuándo la gente te sigue con una intención distinta, yo sé quién está pendiente de tus seguidores y quién está pendiente de ti. Por ejemplo, cuentas como las de Beyoncé, que ella no sigue a nadie, dan a entender que al tener un montón de seguidores no es necesario seguir a nadie. Eso es totalmente erróneo, por lo menos desde mi punto de vista y siento que es una falta de respeto a sus seguidores. Yo prefiero seguir a las personas que no son famosas, que no son populares, porque tal vez en esas cuentas encuentro contenido que me enamore.

He encontrado contenidos maravillosos en cuentas que ni siquiera son conocidas por la masa y he encontrado tanta insatisfacción en cuentas populares que no se imaginan. Antes de darle *follow* a una persona, yo trato de encontrar algo con lo cual yo conecte. Con mis seguidores es fácil conectar por el hecho de tener algo en común, niños, el amor por la familia, música, Dios, etc. Yo, por ejemplo, sigo una cuenta que se llama *@píldorasdedios*, ¡me encanta esa cuenta! Esa cuenta ha cautivado muchos de mis días. Cuando me despierto con ganas de compartir un mensaje, encuentro tanto que me reprimo y digo "Caro, basta ya", porque me gustan todos. 😂😂😂

Si nosotros fuésemos realmente honestos con el tema del *follow me*, seguiríamos a personas relevantes para nuestro crecimiento, porque también en lo profesional me encanta seguir las cuentas de coaching, por ejemplo, me gusta la de *@elnorbracho*, me gusta *@tuereselexito* y me encanta la cuenta de *@soymotivador*. Desde que yo las estoy siguiendo, creo que puedo encontrar todo lo que me hace falta en un día común, un mensaje, un video, incluso la música que acompaña sus videos.

En fin, yo lo comento porque pienso que es como cuando tú invitas a alguien a tu casa. El ***follow me*** *es invitarte a mi vida, a mis cosas, a mí día a día. Entonces, ¿por qué he de seguir a una persona que no tiene ningún tipo de interacción con mi vida? Ahí también está el tema. ¿A quién has dejado de seguir? ¿Te has preguntado qué ha causado que tú dejes de seguir a alguien o te dejen de seguir a ti?*

Aquí les va una anécdota:
En una oportunidad, un amigo (me reservaré su nombre), le dijo a nuestro grupo de amigos: "voy a dejar de seguir a Carolina, ¡porque Carolina publica todo el día!". 😂😂😂Creo que, entre broma y broma, la verdad se asoma, y es interesante la opinión de gente que a uno sí le importa porque, ¡hombre!, a todo el mundo no le tiene que gustar el contenido que uno hace, ni la frecuencia con la que uno publica. Entonces, vuelvo a lo mismo, son herramientas para seguir, de manera exitosa, en las redes sociales. Mi Instagram es mi terapia, mi diversión, mi diario público y abierto; es mi vida y un maravilloso recuerdo de esa frase que escuché hace tiempo de "no poner los huevos en la misma canasta". Mi Instagram es, como he señalado antes, otra unidad de negocio que manejo con mucha disciplina y me tomo en serio, por esta razón, mi asesor, consultor y manager digital, Iván Carrillo, es lo mejor que me pudo pasar en la vida digital. Él es quien tiene la visión y yo el instinto, yo creo y él organiza, él me sugiere y yo me dejo guiar porque "el que sabe, SABE". Uno se tiene que dejar guiar, dejar orientar por las personas que manejan el lenguaje digital de las redes. También soy de las que cree que el instinto y ese sexto sentido que tenemos es muy valioso. Sin embargo, yo creo que cuando ya estás utilizando la plataforma como medio de trabajo, tienes que ser inteligente y dejarte orientar por personas expertas que saben lo que hacen y quieren lo mejor para ti en términos de negocio, personales y familiares.

By the way, yo les recomiendo dejar de seguir cuentas que les haga sentir mal, háganlo por salud mental y solo sigan a aquellas cuentas que les brinden felicidad.

#Mention

Cada día me sorprendo más cuando una persona, en lugar de ser sutil, discreta, y yo diría que hasta inteligente, demuestra demasiado la necesidad de ser notada, está tan llena de esa ansiedad que se le olvida cómo socializar de manera más afable.

Yo tengo muchas amigas digitales, y eso lo puedo poner como ejemplo, que hemos pasado del teléfono a las cuentas digitales, porque algunas son artistas o viven en otros países, y nos comunicamos más por el privado de Instagram, eso es cierto. Pero me sorprende mucho que existan personas tan falta de tacto, que quieran, de forma insólita, que tú los menciones en tu cuenta, para que su Instagram tenga publicidad gratis.

Por ejemplo, tiene mucho que ver con el capítulo de *follow me*, porque también es súper desagradable saber que una persona te trata, únicamente, para que le hagas mención. No puede ser que, insisto, alguien quiera valerse de ti solo para eso.

A mí parece tan lindo tratar de generar como una química y una conexión entre personas mucho más allá del interés digital. También me ha pasado que, en varias oportunidades, yo he hecho recomendaciones de colegios, servicios, marcas, etc., y resulta que la persona que ofrece el servicio o el dueño de la tienda, obviamente me trata a mí de una manera, pero cuando yo envío a las personas, estas me dicen "qué increíble, si tú no estás esa persona es totalmente diferente con la gente que va".

Eso a mí me da vergüenza, porque yo hago esa mención en mi *post*, dentro de mi perfil. Decir, por ejemplo, "amigos, en *@Paquidermolibros* pueden encontrar la gente para editar su libro" y así ofrecer todos los servicios maravillosos como el que yo estoy teniendo ahora con este libro. Imagínense que yo ofrezca este servicio y que justo mis cinco amigas, por decir una cantidad, me digan "Carolina, qué personas tan odiosas". O sea, eso para mí es publicidad engañosa, es mentir, no puede ser que solo te traten bien por la cantidad de seguidores que tienes en Facebook o en Instagram, eso es horrible, y eso es lo que yo quiero hacer entender a través de este capítulo. Para mí es muy importante que ustedes que me están leyendo sepan que, más allá de lo que yo he conseguido digitalmente, yo soy una persona más y aprecio a aquellas que son reales como yo, así como rechazo a las personas interesadas.

#Aliados

Acá quiero compartir un poco de lo que ha sucedido a lo largo de todo este tiempo en mi mundo digital. Muchas de las personas que hoy día forman parte de mis fiestas, por poner un ejemplo, se quedan en mi corazón para siempre y he decidido compartir este bello mensaje porque vale la pena decirles que cuando uno conoce a alguien por Instagram, luego conoce su trabajo, y más importante, su corazón, ya todo es más que un *post*. Sí, sé lo que están pensando "esta no es mi venenosa, es más cursi y romántica de lo que podría haber pensado". 😂😂😂 ¡Es verdad!

Les cuento una anécdota de alguien muy especial. Él saltó de las redes a mi 💙. Sahid, dueño de la marca *@xclusiveconceptbysr*, nunca en la vida me ha pedido que lo publique y jamás me ha hecho comentario alguno cuando no lo he mencionado en las historias de mi cuenta durante una fiesta juntos. Es todo un CABALLERO y un excelente ser humano. (*By the way,* este es uno de los muchos casos en los que el Instagram ha ido más allá).

@xclusiveconceptbysr:
Hola mi Caro hermosa.
Gracias por este mensaje, lo vuelvo a escuchar y me haces llorar de la emoción.

Como te expresé en mi texto de Instagram, eres sensacional y un ser de luz demasiado especial.✨💫
Y a eso podría agregar diciéndote:

"las almas que se encuentran y se reconocen nunca se sueltan ni con la distancia ni con el silencio ni con las vueltas que da la vida".

Tú también has traído muchas cosas lindas a mi vida, tu positivismo, esa energía inagotable que te caracteriza, tus buenas vibras. Cada mensaje que subes en tus historias es de gran aliento y fuerza en muchas situaciones personales.

No me pierdo ni uno de tus ***posts****.*

Igualmente, muy agradecido con Dios y la vida por la oportunidad de conocerte al igual que a tu familia. 👩👨👧👧
Nada es por casualidad y todo tiene un propósito para nuestra evolución espiritual. Sé que para este 2020 podremos compartir y hacer de tus ocasiones especiales fechas inolvidables 🌺🌺 y llenarte de flores hermosas como tú te lo mereces.

Conservo en mi corazón la satisfacción de haber sido parte de la fiesta de 15 de tu hija mayor, Bárbara Camila, qué honor. De igual manera, de crear magia para el cumpleaños de Amalia Victoria.

> *Gracias por la oportunidad.🙃😊Sabes que siempre lo haré con mi corazón.🤍Una vez que cumpla con algunos compromisos y viajes de trabajo, nos coordinamos y paso a saludarte, mientras tanto, que Dios y tu Papá (tu Ángel eterno) desde el cielo te sigan multiplicando en bendiciones.* 🙏

#CosasQueLePasanALaVenenosa

Mi trabajo como periodista está muy ligado a mis redes sociales, cosa que no determina el éxito de las mismas, porque el público de la tele no es el público de *social media*, aunque mi trabajo en la tele ha generado mucho ruido en mis redes. Pero cuando eres *influencer* y también has trabajado en la tele, estás en dos mundos muy grandes. Y, como consecuencia, eso tiene una repercusión muy grande en tus cuentas de redes sociales. Al final, mis amores, el alcance lo obtienes con constancia en tu contenido, mucho esfuerzo y carisma que traspasa la pantalla del teléfono. Eso no se puede inventar ni negociar.

A la Venenosa también le pasaba que algo que decía en el programa se quedaba allí en el estudio de TV. Luego de eso, seguía con su vida normal, pero para la gente involucrada (el artista, sus seguidores o fans) no se quedaba allí. Entonces empezaba una batalla digital: "que tú eres una cerda; tú eres fea; tú que te la pasas hablando; tú que fuiste madre soltera"... te empiezan a sacar hasta el pelo del chivo, del gato, del vestido que tuviste en el año 2005.

Entonces, yo descubrí que dejar de seguir a la gente que te genera un dolor de cabeza es cuidar tu salud mental, porque ante la batalla digital, yo prefiero mi alegría digital. No la guerra. Actualmente, no dejo que a mí me agarren para el trajín. ¿Que mis fans me defienden? Sí. ¿Entre ellos se arman peleas? Se arman, porque este mundo es libre y la verdad es que cada persona decide cómo manejarse públicamente y yo he decidido, antes de responder, dejar de seguir. He tratado de decir "bueno Carolina, ¿qué es lo importante, responderle a una persona que no conoces y amargar tu tarde o dejar de seguirlo?", pues dejar de seguirlo y también puedes bloquearlo, reportarlo como spam...

En este punto, uno ya puede saber que son cuentas falsas. ¿Cómo reconocerlo? Anota allí algunas de las características de estas cuentas:

- ✔ *No tienen foto del perfil o no salen en ella*
- ✔ *Solo siguen a una persona*
- ✔ *No tienen seguidores*
- ✔ *Poca interacción o actividad de la cuenta*
- ✔ *La cuenta no tiene publicaciones o tiene una sola*
- ✔ *Hacen comentarios spam o automatizados*

Allí te das cuenta de que están jugando contigo. Verídico. Entonces, la salud mental no tiene precio. La salud emocional no tiene precio. Eso siempre, siempre, siempre se los voy a decir. Si algo te molesta, deja de seguir a la persona, si algo te incomoda, no veas el contenido de esa gente, el masoquismo no va conmigo. Desde mi punto de vista, yo creo que el dejar de seguir a la gente es reparador, es analgésico.

Es un fenómeno bien interesante descubrir por qué la gente te da *follow*, ¿será que es una moda o una necesidad? Yo todavía me estoy haciendo la pregunta, pero bueno, vean bien a quién dejan entrar y a dónde entran ustedes.

#Comunicado

Trabajando en un programa de espectáculos, veía a diario que los famosos de cualquier disciplina prefieren expresarse por la redes, en lugar de llamar a un publicista como se hacía antes, para que difunda su opinión sobre un determinado tópico o para una aclaratoria de algo que sucede en su vida. Pero ahora, en este momento, el teclado del teléfono y un *post* solucionan ese problema. Desde el artista más discreto hasta el más exhibicionista ha empleado esta dinámica de 'comunicados digitales' para llegar a las masas, y mira que funciona porque el cometido se logra. Ya es común que en cualquier programa de televisión se utilicen las redes como fuentes informativas, ya que con tan solo una publicación de un futbolista y su nuevo bebé o la foto de un actor desayunando, se puede cambiar el curso informativo de una transmisión. Me llegó a pasar que, minutos antes de ir 'en vivo', un famoso publicaba la respuesta de determinado tema y allí mismo el show comenzaba con ese *post* de Instagram.

Tal vez, lo más interesante de este tema digital es que todos hemos sentido que, a través de un *post,* nos podemos expresar de una manera directa, masiva e inmediata, y en efecto así es. Publicas a las 10.00 a.m. (hora del este de los Estados Unidos), y eso va a ser difundido rápidamente. En el caso de un famoso, por ejemplo James, el jugador colombiano de fútbol, cuando revela que ya es papá de un varoncito llamado Samuel. Entonces, este tipo de publicaciones, que si bien no es un comunicado, porque solo es una foto, se convierte en la noticia principal de un programa de entretenimiento, de un programa de deportes o de un noticiero.

Lo que les quiero decir es que, aunque no tenga la figura de comunicado como tal, la importancia que ha tomado el Instagram en los últimos años es **innegable, innegable, innegable.** Y quien quiera hacerse la vista gorda está omitiendo una gran realidad. Obviamente, yo lo veo como algo positivo porque, incluso, en lugares donde la información y la comunicación es limitada, en donde la gente no tiene acceso a la televisión abierta o a la televisión sin censura, las redes, principalmente el Instagram, por lo gráfico y visual que es, se ha convertido en una forma de ver televisión en digital y estar enterado de la actualidad. 👀 📰

Cuando en Venezuela censuran, prohíben un programa de televisión o cierran todo un canal, las personas suelen buscar las redes de los talentos para seguir enterados de lo que pasa. Entonces, de verdad me parece un fenómeno social increíble. De hecho, sé de algunos que aseguran no gustarle esta plataforma, pero tienen una cuenta de Instagram desde el anonimato para ver lo que hacen los demás. Y para los que no se toman en serio el hecho de que dentro de las corporaciones existe gente encargada de chequear el contenido de sus empleados están tapando el sol con un dedo. Incluso, hay quienes la incluyen dentro de su currículo, para mostrar su conexión con el mundo digital, en caso de que eso sea relevante para el cargo.

En el mundo musical también hay muchas referencias a las redes, como en la mega *influencer @lelepons* con casi 40 millones de seguidores hasta el sol de hoy (seguro seguirá creciendo), que en su canción *TE BLOQUEO* hace alusión a las redes.

♪ *[Coro: Lele Pons]* ♪
"Lo nuestro es amor con odio
Te amo y también te odio
Me matas de rabia
Pero me curas con labia
Te bloqueo, te desbloqueo
Te bloqueo, te desbloqueo
Te-Te-Te bloqueo, te desbloqueo
Te bloqueo, te desbloqueo".

Si se quiere, 'el bloqueo' también se puede utilizar para aquellos que se encargan de molestar, a través de las redes, a las personas que tenemos rostro. Por otro lado, también está *@nacho* quien hizo una canción titulada *MAMBO A LOS HATERS* que, sin duda alguna, habla de los que nacieron para odiar, que se alimentan de la vida de los demás que sí tenemos lo que ellos no tienen en todo sentido. Acá un pedacito de la canción:

*♪ "Le hice un tema a los haters. (yeah) ♪
Pa' que no se sientan solos. (ajá)
Pa' que la escuchen y luego comenten
la misma estupidez, ni modo".*

El caso es que, guste o no, es inminente y no me canso de resaltar el valor del Instagram... incluso hoy (26 de enero de 2020) cuando, lamentablemente, se conoció la noticia del terrible accidente aéreo que le robó la vida a la leyenda del baloncesto, Kobe Bryant, el Instagram ha sido la ventana al mundo de quienes lo admiramos y quienes sentimos, en el alma, su partida y la de su hija de 13 años. Las Kardashians escribieron expresando su dolor, *@chayanne* también dio sus condolencias; la bloguera de moda, *@camilacoelho*, hablando de lo corta que es la vida e impredecible, *@greivisvasquez*, basquetbolista venezolano, y así pare usted de contar... el Instagram, desde mi punto de vista, uno de los medios informativos de mayor alcance mundial.

Entonces mis amores, hoy día el Instagram, como ya lo hemos definido por lo menos aquí, en este libro, es una fuente de información como la televisión, radio, etc. Y tú, ¿tienes cuenta de Instagram? Te espero en la mía.

#Viral

En lo personal, he conocido la sensación de que un video de los míos se haga viral, pero les puedo decir que jamás he trabajado en función de eso. Creo que si bien existen expertos en lograr eso, yo, Carolina Sandoval, lo que hago es divertirme y si eso sucede es la guinda del pastel. Soy de las que piensa que más allá de querer impactar, obviamente como todos los que nos dedicamos a las redes sociales, mi labor es llegar a la persona que me escucha, que me ve, que me lee.

En mis redes he logrado experimentar diferentes cosas. Socialmente, me impacta el hecho de la cercanía de la gente más en las redes que en la realidad. Ver y saber, con certeza, la soledad de muchos de mis lectores me impacta porque sé que mis videos no son cualquier cosa para la gente que, de verdad, está escuchando o leyendo mis publicaciones. Soy de *feeling* y cada cosa que publico es parte de mis emociones de ese día (eso es importante resaltarlo) y es por esa razón que un día desayuno, otro día bailo, como en el carro, o simplemente me quedo en silencio en mi ya conocido *#ElRitualDelSilencio*. Que por cierto, forma parte de la programación de *#ElTrasnochoConCaro*. Y así certifico que cuando a uno lo quieren sus seguidores hasta el mutismo lo aplauden. 😉😉😉

Cuando empecé un día a desmaquillarme en cámara y en silencio, sin decir una palabra, indiferentemente de lo que estuviera ocurriendo a mi alrededor, sucedió un fenómeno, por lo menos para mí. Porque la verdad, mostrar mi ritual o rutina diaria, SIN EDITAR, era otro de mis propios experimentos, y cuando mi equipo y yo empezamos a analizar lo que estaba consiguiendo *#ElRitualDelSilencio* nos quedamos impactados con el número de personas que se quedó viendo, que comentó y decían "repítelo. Me encanta. Amo tu ritual"... entre otras cosas. Pero bueno, el caso es que cada cosa que veo en mis redes la tomo como un motivo para seguir reinventándome y salir de zonas fáciles de comodidad.

Cuando alguien te ve sin oírte o te escucha sin verte eso es increíble. Cuentan los que saben que existen programas de años atrás, en donde sus presentadores estaban tan posicionados que las amas de casa, mientras cocinaban, prendían la tele y sabían todo lo que venía, así que usaban la tele como una radio. ¡Guao!, ¿no les parece interesante? Para mí eso es tener cautivos a quienes te siguen sin esfuerzo y, en mi caso, cuando lo de *#ElRitualDelSilencio* comenzó muchos ajustaron sus celulares pensando que se trataba de un desperfecto del aparato o del sistema de sonido, 😂👉😉➡📱 pero cuando se dieron cuenta de que era intencional, la mayoría apreció y respetó mi propuesta. Mi auge, mi pegue con la gente es orgánico, nunca hago algo esperando... soy lo que siento en ese instante.

#MisFotosyYo

Todo *influencer* que se respete, sea bien organizado y cuide sus plataformas, durante todo el año, se toma fotos. Obviamente hablamos de Instagram que es una plataforma visual, en donde la imagen es fundamental. De hecho, dicen por ahí "si no está en Instagram nunca sucedió"... y eso me recuerda al dicho que reza "lo que pasa en Las Vegas, se queda en Las Vegas", solo que si ocurre en *#Instagram* se queda en cada teléfono,😂😂 así que se debe estar pendiente de todo aquello que quieres que no salga.

El caso es que al ser Instagram tan visual, me gusta recrear cada temporada con fotos alegóricas, ya que toda la vida he amado la fotografía. Hoy día, puedo decir que soy multimillonaria en fotos porque las colecciono desde que nací. Claro, ahora son archivos digitales e, incluso, mi Instagram lo uso como un gran álbum público.

Ahora bien, lo que sí intento hacer es que cada foto que me tome sea de verdad, porque sentiría que estoy mintiendo si retrato algo solo para aumentar mi contenido digital.

Yo paso mi vida a foto, pero mi vida NO es una foto.

Incluso, me atrevo a cruzar la línea y decirles a todos ustedes que me leen, que no caigan en la trampa de retratar mentiras y, aunque cada quien maneja su contenido como guste, créanme que la verdad y la mentira traspasan la pantalla del celular. Y, como siempre digo, para mí un buen fotógrafo es más que su lente, un buen fotógrafo es con quien debes comunicarte con una mirada, con una sonrisa, a quien llevas a tus espacios y le compartes tu vida... en lo personal, no me dejo retratar por alguien en quien no confío o con quien no tengo química. Es más, les sugiero que elijan bien con quién se hacen sus fotos.

Acá una lista de los míos:

*@habiaunavezunafoto_*
@luiscastillofl
@alejandroherediaphoto
@rafaelarevalophotography
@castellanosphotodesign
@fmrphotography
@camphotographybyzoey

#Curiosidades

Creo que existen varias cosas comunes en los *influencers*. A lo largo de todo este tiempo, me he puesto a ver uno que otro dolor que padece un influenciador.

*Personalmente, pienso que un **influencer** siempre va a padecer de:*

- *Dolor de cuello, por mirar el celular constantemente*
- *Dolor en los dedos de ambas manos (aunque también dependerá de la mano que utilicemos más)*
- *Insomnio, porque siempre se está creando*
- *La constante búsqueda de descanso*

Son cuatro características que yo he requerido resaltar.

Vamos a detenernos aquí en la parte del dolor del cuello. Soy amante de los masajes, siempre busco días dentro de mi agenda para hacerme masajes. Y una de las cosas que siempre encuentran los especialistas, dentro de mis dolencias cotidianas, es la parte del cuello. Comentan que en el cuello es donde más se aloja el estrés, el *influencer* siempre tiene dolor en el área del cuello, porque tiene una postura en la cual, evidentemente, su cabeza está mirando hacia su celular y pasa largas horas en esta posición.

Uno de los especialistas a los que recurro, también me dijo que la idea es tratar de mover el ángulo del aparato, de forma que el cuello no sufra tanto.

Entonces, mi sugerencia (que intento aplicar) es tomar conciencia cada vez que agarremos el celular y cambiar esa posición porque si no, vamos a tener el malestar. En mi caso, si tengo malestar no voy a poder estar lo suficientemente activa para desarrollar mi función tal como me gusta, porque me gusta sentirme bien para poder hacer lo que hago.

Como les he comentado a lo largo del libro y a lo largo de este encuentro con ustedes, yo trabajo con mis emociones, yo soy del *feeling* del momento, el cómo me despierto o qué siento luego de comer son como lugares comunes dentro de mi vida, que todos son manejados con las emociones. De hecho, yo creo que la adrenalina es lo que me mueve. Cada vez que ustedes ven que yo grabo un video, por ejemplo, yo nunca sé qué es lo que voy a decir antes de grabar, fluye solo. Les cuento una anécdota vieja. Una vez, entré a maquillaje, puse la canción de *#LaReinaDeLaFaja* y me dieron ganas de bailar con las muchachas de *makeup* y así lo hicimos, grabamos el momento, lo subí a las redes y eso fue lo que quedó, **porque yo soy de *feelings,* de emociones, de instantes, de eso que no se ensaya ni se repite.**

Dicho esto, vamos con la segunda dolencia que es en los dedos y en los brazos. ¿Te ha pasado que sientes como un dolor del codo hacia la mano? Y te preguntas "ay Dios mío, ¿será que me va a dar un infarto? ¿Será que me está pasando algo?", porque uno siempre tenía entendido que si te dolía el brazo izquierdo, debías mandarte a revisar por un médico. Pues resulta que una de las dolencias más típicas en estos tiempos, seas o no *influencer*, tiene que ver con el dolor en los brazos y en los dedos. Incluso, las personas que recurren a especialistas en huesos y manos reciben esta pregunta típica del doctor: ¿cuántas horas pasas en el celular? ¿Con qué dedo escribes más? 📱✋

Es impresionante cómo la vida digital ha llegado hasta los consultorios médicos y me refiero al tema de las preguntas que van asociadas a la cantidad de tiempo o a la forma en la que interactúas con tu teléfono, porque la mayoría, creo yo, pasa más tiempo con el teléfono que con su propia familia. ¿Son extremos? Hay estudios que así lo dicen. Los invito a investigarlo en Google para que vean que son fenómenos sociales y me parece importante comentarlo aquí, como una alerta, para que no se nos olvide.

Nos pasa mucho que en una ocasión especial con la familia, en lugar de picar el pan de jamón, el pavo o el pernil, estamos tomando la foto que vamos a postear, mandando el "Feliz Navidad" a todo el mundo y olvidamos que tenemos a personas de carne y hueso a nuestro alrededor. Todos hemos pasado por eso. Quien esté libre de pecado que tire la primera piedra; lo importante en estos casos es detectar el problema, hacernos conscientes de que, así no seamos los únicos, igual deberíamos buscar la mejora de esto.

Hay días en los que quiero almorzar y apagar el teléfono, solamente tomar una foto y decirle a la gente, a quien le agradezco que me sintonice en mi Instagram, que hoy me toca a mí, hoy le toca a mis amigos. Porque es justo y necesario también almorzar con mis amigas que quieren que les vea los ojos. De alguna forma, es un permiso que yo me doy. Un permiso que le pido a mis seguidores, porque creo que se merecen ese respeto, en especial si uno los ha acostumbrado, los ha habituado a un contenido, porque yo misma lo siento así. Cuando hago *#ElAlmuerzoConCaro*, yo sé que es la hora de *#ElAlmuerzoConCaro*, y sé que mucha gente también lo espera, sus 14 o 10 minutos, siempre la gente está allí, ansiosa y ese es un compromiso que yo adquirí con muchísimo gusto.

Pero sí les digo algo, es importante saber las consecuencias buenas y malas que trae el hecho de ser tan dedicado a las redes. Si hoy no te sientes *influencer*, pero estás leyendo esto y tienes la intención de serlo, mi opinión es que uno siempre debe hacerlo mejor de lo que está viendo, uno quiere resultados más efectivos de lo que está consiguiendo otra persona. Entonces, si esto te sirvió ¡qué maravilla! Y si tienes algo que agregar, coméntamelo en mis redes sociales: *@venenosandoval.*

Otra de las características típicas de un *influencer*, en cuanto a sus dolencias, es la parte del insomnio. En ocasiones, escucho a diferentes personas que sigo en Instagram y encuentro un común denominador, por las largas horas creando contenido. Además de manejar mi propia empresa familiar, mis redes sociales también son un trabajo fuerte. A estas me dedico diariamente, soy mi propia jefa y no hay horarios. Pero ¡Santo Cristo! Es que no paro, me encanta sentirme cerca de mi público y conversar con ustedes.

El otro día, alguien me dijo: "guao, qué jefa tan dura eres contigo misma, porque no tienes hora ni fecha en el calendario". Y les digo más, hasta cuando duermo estoy creando e imaginando qué hacer, a pesar de que yo soy bien espontánea, siempre estoy en mi sueño, suponiendo, pensando que estoy en un "en vivo" de Instagram, con el celular en mano, hablando con mi público, porque mi vida va de una plataforma digital a otra. 😂😂😂😂😂😂

Por eso, uno debe tener a esa persona que te diga "oye estás dedicando muchas horas al teléfono". Incluso, la luz del celular te quita un poco la manera de poder descansar profundamente, así que es necesario escuchar esa voz interior que te dice cuándo tienes que parar. Y es aquí donde voy a mezclar el tema del insomnio con el descanso.

El descanso es primordial hasta los médicos te lo señalan. Todas las personas necesitan, en la medida de lo posible, descansar a partir de ocho horas. ¿Qué pasa con la mente de un *influencer* que piensa súper rápido o que no para de pensar? Quizá por esa razón está en el mundo digital y le va bien; quizá por eso también tiene sus millones de seguidores, porque tiene una capacidad auditiva,👂de retentiva, de conversación o simplemente de ingenio, para llegar a masas.

Entonces sucede que el tema del descanso se posterga. En mi caso, me ha pasado mucho. Solía llegar de hacer dos programas, uno en vivo y otro grabado, y resulta que llegaba a casa y decía: "bueno, voy a aprovechar que me voy a desmaquillar para grabar *#ElRitualDelSilencio*, o mejor voy a aprovechar este maquillaje y este peinado para hacer *#ElTrasnochoConCaro*". Entonces, ahí tú misma te vas exigiendo otra hora más de trabajo. Les digo una cosa, lo que uno demanda en este cuerpo para poder hacer esos videos es adrenalina, es emoción, incluso la luz cansa. ¿Ustedes sabían que la luz cansa? Después de una transmisión en vivo, creo que lo primero que hago es meterme en la ducha, porque el agua te hace descansar de todos esos rayos que has recibido, yo lo veo así como que si fueran rayos.

Y claro, por supuesto, ya tengo identificados estos cuatro problemas, y no digamos 'problemas' porque a mí no me gusta esa palabra, mejor digamos características (que seguramente hay más), así que vamos a trabajar en esto, ¿les parece? Ya saben: el dolor de cuello, el dolor de los brazos hacia las manos y los dedos, el tema del insomnio y el tema del descanso.

Y para darle un cierre a esta parte, les quiero comentar que en estos días, luego de tres días de fiestas seguidas, me propuse descansar todo un día, y cuando digo descansar es, simplemente, publicar lo menos posible; agarrar el teléfono y voltearlo, apagar, como quien dice, a la Carolina que todo el tiempo está pendiente de "ay tengo que contarle a la gente de esto, tengo que contarle de lo otro". Porque es verdad, yo soy una cuenta cuentos, a mí me encanta contar cuentos, historias y, tal vez, eso es lo que me diferencia de otro *influencer*, porque hasta cuando voy a recomendar algo echo una historia. Creo que esto también lo tienen muchos de mis colegas influenciadores, incluso paisanos, que se dedican a esto.

Yo cuando veo a alguien que me está contando su experiencia, ya me cautivó mucho más que aquel que me vende directamente, porque no hay una conexión de por medio. A mí cuando me cuentan una historia me cautivan, de hecho, aquí vale la pena que les señale a una gran *influencer:* Ximena Duque.
La actriz colombiana, *@ximenaduque,* que salió de un

show en busca de actores y actrices, es una chica que ha sabido mezclar el mundo digital con el de la tele; hoy día tiene una gran fuerza en las redes con los millones de corazones que la siguen. Creo que es una persona que ha entendido, perfectamente, la conexión con el hecho de promocionar algo porque, como ya les he dicho, un *influencer* debe tener la capacidad de cautivar y de mandar un mensaje.

Yo a Ximena la veo cocinando, la veo contando su historia luego de tener a su segunda hija y cómo fue su proceso de volver a la acción siendo mamá de dos, de un adolescente y de una bebé pequeña. Me identifico un montón con ella.

Otra persona bastante espontánea a la hora de comunicar en las redes es *@daniellanavarros*. Daniella es venezolana como yo, con una nena bellísima, y ha desarrollado una unidad de negocio maravillosa que es su línea de ropa. Además, ella nos muestra su cotidianidad para que la gente vea cómo es la vida de una mamá normal que es actriz, una mamá que hace ejercicio, trabaja, etc. Todos tenemos mundos diferentes pero, a la vez, lo que tenemos en común es el teléfono y la forma de comunicar los cuentos, las historias de la vida real.

Entonces, pues nada, yo quería hacer esta historia en esta parte del libro porque estoy segura de que todos ustedes tienen muchas historias por contar, pero quiero que puedan trabajar en esas cuatro características que, pienso, son los talones de Aquiles de todo *influencer*.

#CosasQueSienteCaro

Creo que a lo largo de todos estos apartados he sido bien enfática en la importancia que tienen para mí las redes sociales, pero también quiero hacer énfasis en que yo no cambio un abrazo por un *post*, yo no cambio una mirada por una mención; que yo no cambio un "te amo" en persona por uno en las redes, y eso que yo soy bien expresiva en mis cuentas.

Yo siempre he escrito, a mí siempre me ha gustado escribir, comunicarme a través de la palabra, a través de cartas, de tarjetas y, obviamente, para mí el Instagram es un poco eso, aunque no se haga con un lápiz o pluma. A pesar de que yo soy bien digital y vivo comunicándome por las redes, vuelvo y les recalco, no dejo de ser persona, porque la tendencia es convertirse, poco a poco, en robots.

Yo sé (y eso sí lo tengo bien claro) quién me quiere, quién me quiere bien y quién me quiere por lo popular que me he convertido a través de las redes. O sea, ya lo tengo claro, solamente que me encanta el experimento; me parece súper divertido poder ver quiénes están desesperados por figurar, y lo veo a través del escáner identificador de interesados y trepadores, así lo llamo yo. Eso sí lo tengo, porque es una habilidad que uno va desarrollando con las publicaciones, los miles de seguidores, el intercambio con otros *influencers* por nuestro gran alcance.

Y no se trata de falsa modestia, uno tiene que saber lo que uno merece, tiene que saber lo que es, cosa muy diferente a estar presumiendo todo lo que uno posee o todo lo bueno que uno es. Cuando yo les digo "qué bella me veo", que incluso lo he convertido en un *hashtag,* lo hago para darle en la madre a la gente que piensa que yo me siento menos bonita o menos interesante desde que no peso menos de 115 libras, desde que soy mamá de dos o desde que tengo estrías y celulitis. El *#QueBellaMeVeo* es una descarga y un desahogo para toda la gente que, tal vez, ha pasado por las libras que yo he pasado que, por cierto, nunca he pesado más de lo que he pesado en mi embarazo (eso ni siquiera es importante), pero hay gente que trata, por todos los medios, de hacer sentir mal a otras personas que no tienen "piel de cocodrilo", o que no la han ido endureciendo a lo largo de la vida. Y todo esto lo sé porque muchas personas me escriben, me cuentan y me dicen: "guaoo Carolina, ese *#QueBellaMeVeo* me lo agarré para mí. Cada vez que me despierto, me veo en el espejo y me siento bonita, porque tú te sientes bonita y me transmites esa seguridad a mí". 💙 Eso es maravilloso que alguien te lo diga. Y si te lo dicen porque te están emulando, porque están tomando en serio todas las cosas que tú dices, es que tu mensaje está llegando como debe ser.

En mi cuenta de Instagram *@venenosandoval*, se nota más lo bueno que lo malo aunque, obviamente, muchos vean un par de mensajes que, a veces, le contesto a la gente negativa. Cosa que estoy tratando de corregir, porque ¿cuándo usted ha visto a una Kardashian o a una Jenner respondiéndole a un *hater*? Jamás.

Si quieren saber, la gente buena es mayoría; es más la gente que aprecia mi manera de llevar las redes que la gente que me ve como una ridícula. Aunque, ¿saben qué? También se vale ser ridícula. 😂😂😂

Y, para finalizar, me gustaría que la gente entienda que una mención o una etiqueta en Instagram nunca va a poder superar un abrazo, superar que te digan en persona "me encanta lo que haces". Cuando alguien se quiere ganar una mención solo por mandar un regalo es tan triste, porque yo digo "guao, hay que ser descarado para merecer o creer merecer un *mention* por unos zarcillos enviados", por ejemplo. Y les doy una sugerencia, se los digo de todo corazón, si tú eres una de esas personas que les encanta el *mention*, gánatelo o, por lo menos, crea una conexión con la persona aparte. Espera que te mencione, antes de pedir ser mencionado; nada más bonito que una persona te sorprenda, que te mencione en una cuenta poderosa, es verdad, pero no hay que ser insistente ni descarado.

P.D.: *Vale acotar que he hablado mucho de la gente descarada que quiere un mention porque necesito que este mensaje llegue como un 'mensaje García', eso quiere decir, que la persona que sepa que es para él o para ella se lo tome, aprenda y mejore.*

Firma: (ahora sí) La Venenosa

CAPÍTULO IV

#LombricesDigitales

Y bueno, *influencer* que se respete tiene su grupito de gente que juega a no quererlo, pero, al final del día, la verdad es que no puede vivir sin él, digo, sin su *influencer.*

Siempre les digo a mis amigos que no me tomo en serio a los llamados *haters*, a quienes yo, un buen día, terminé bautizando como **LOMBRICES DIGITALES**. Sí, así como lo leen, "lombrices" que buscan tener presencia por medio del anonimato, por medio de la crítica a lo que sea, a lo bonito, a lo tierno, a lo doloroso, a lo profundo, a lo profano y a lo superfluo.

Existe algo muy característico en este grupo de seres, y es que ellos son infelices y carentes de criterio razonable como para admitir que ese amor, del que carecieron toda su vida, lo buscan por medio de otros, disfrazados de un supuesto nombre creado para atacar. 👉👉 Algo así *@hur.45mumi* o *@memolestatodolobello*. 😂😂😂 De hecho, es insólito cómo cada lombriz busca la forma de que su víctima, es decir, su *influencer* seleccionado, sepa que existe. Tanto así que lo logran. En mi caso, las lombrices se han convertido cada día en un grupito más pequeño, pues, con el pasar del tiempo, estoy segura de que han decidido aceptar que me aman. 😉🙏🙏 Y vale la pena recalcar que, aunque son molestas, dependiendo del momento en el que llegan sus mensajes, la atención que reciben es mayor o menor.

Las lombrices también son infaltables en este, mi primer libro, porque si bien yo no me tomo a pecho sus mensajes como ellos quisieran, existe un gran número de adolescentes y adultos, en general, tratándose con especialistas por el *bullying* tan fuerte que pueden tener por parte de estos “odiadores de oficio”, capaces de insultar hasta a un bebé recién nacido. Recuerdo, claramente, cuando la Duquesa de Sussex estaba esperando su bebé con el Príncipe Harry, las redes se llenaron de *haters* y de comentarios desafortunados, en referencia a lo que sería la apariencia del hijo de la pareja interracial más mediática de los últimos tiempos en alguna monarquía.

También he visto casos de famosos que, al publicar fotos de sus hijos, reciben cualquier cantidad de mensajes llenos de odio y carentes de objetividad, a la hora de hablar de sus tesoros. En lo personal, han llegado a sacar mi peor lado cuando se meten con mis hijas pero, al mismo tiempo, me han hecho reflexionar sobre lo que implica que un extraño o un conocido con careta hable de ti y tus seres amados. Lo que sí les puedo decir, es que hasta los que dicen no quererlo a uno suman para los indicadores del mundo digital: alcance, enganche, vistas o visitas, monetización, en el caso de Facebook y, por supuesto, YouTube. Por cierto, si alguna lombriz digital compró este libro, quiero darle un agradecimiento especial por estar presente siempre, 😂 por ser tan receptivo y por hacer comentarios únicos.

> *Ustedes, lombrices, han hecho que quienes me quieren, me quieran más.*
>
> *Y por cierto, si tienen algún comentario, pueden recurrir a las páginas finales de desahogo:* ***#LosLeo.***

CAPÍTULO V

#SONRÍE
#VivirPorUnLike

En este capítulo que llamaremos *Vivir por un like*, les voy a contar lo que he visto a lo largo de estos dos últimos años en los que he estado haciendo algo así como un trabajo de campo.

Comencemos: *Vivir por un like.*

En varias oportunidades, me he encontrado con la historia de gente que es tan poco discreta para disimular su frenesí por saber cuántos *likes* va obtener con su video o su foto, y que se sepa. Realmente me sorprende.

Les cuento una anécdota.

En una oportunidad, fui a visitar el lugar de una amiga a la que le tengo bastante cariño. Ella está embobada y enamorada del Instagram, todos lo hemos estado en algún momento. Y no quiero que piensen que soy una creída, sin embargo, admito con mucha humildad y sin modestia, pero con certeza, que cuando visito un lugar, este se pone en la palestra y la gente quiere ir ¡bendito Dios! 😂

Hoy día, como lo he comentado a lo largo de todos estos capítulos, la gente tiene a Carolina Sandoval como una referencia, y eso para mí es muy bonito, me llena de ganas de seguir haciendo lo que estoy haciendo. De hecho, les cuento que fui, entonces, a visitar el lugar de mi amiga y no habíamos terminado de grabar el video, cuando ella ya estaba pensando cuándo lo iba a subir, cuántos *likes* iba a tener y todo lo que iba a causar. Ella decía: "mañana, cuando me despierte, estoy segura de que esto va a tener no sé cuáaaaaantas vistas y ¡muchos, muchos *likes*, porque tengo a la Venenosa!". *#LaAmoMal* 😂😂😂❤️

En ese momento, yo analicé y dije "guaoo, hay gente que vive por un *like*". Hay gente que no crea contenidos espontáneos sin pensar en cuántos *likes* va a obtener con determinada foto o video. Yo les puedo prometer que no existe ni la menor posibilidad de detenerme a pensar en eso cuando estoy haciendo una conversación o creando un video. Desde mi punto de vista, y es mi manera de ver las cosas, hay diferentes formas de llevar el Instagram. En mi caso, casi todo ha ocurrido de manera espontánea. Yo diría que un 80% de lo que yo publico, por no decir más, es producto de la causalidad del momento que se está viviendo.

Miren, ¿yo les conté el momento cuando Amalia Victoria me pidió ponerle la luz para una foto? Vamos a retomar. Le dije "ay párate aquí para tomarte una foto", y ella me responde "me voy a poner aquí, tómame una foto pero ponle luz". O sea, una nena de tres años repitiendo las cosas que, por supuesto, me escucha decir a mí.😂En ese momento, ella se acercó a mí, me agarró el teléfono y lo puso como en una posición para que la luz le pegara. ¡Y todo eso quedó grabado! La gente vio cómo ella manipuló el teléfono y todo lo que me dijo. Eso se grabó, seguramente lo pueden encontrar por *#MiChuchería*, allí está mencionada *@mipedacitodeluz*, y ella lo hizo tan lindo, tan como son los niños, tan espontáneo, que si yo hubiese planificado ese momento, pensando "*oh my God*! Y si Amalia Victoria me dice 'tal cosa' tendremos más *likes*", eso nunca hubiese quedado igual. Se los aseguro.

Ese bendito cuento que dice que los niños y los borrachos no mienten es verdad. Entonces, es muy difícil tratar que un niño haga algo que no quiere hacer, incluso, ustedes se pueden dar cuenta.

Yo creo que lo máximo que uno puede lograr con un niño es decirle, por ejemplo, "dile hola a mi gente que te está viendo" y el niño, con suerte, va a repetir, pero de resto... y es el caso de mi hija Amalia Victoria, que se ha criado en este mundo mío tan digital. Mucho más por toda mi historia, es así, súper espontánea.

Pero, sí me llama la atención la gente que vive por un *like*, que todo lo relaciona con cuántas personas verán su contenido, cuántas personas irán a seguirla y el tema de los *likes* que, últimamente, ha estado muy en la palestra por aquello de que ya no se pondrán ver los *likes* de los demás. De hecho, en varios lugares está pasando y ya quisiera yo poder verle la cara a la gente que vive por un "me gusta".😳 Lo que sí pienso es que esto le dará un poco de igualdad a cada una de las cuentas, porque ya no podrás ir a ver cuántos *likes* consiguió el video de tal entrenadora, o cuántos *likes* alcanzó la foto de tal comediante. De esta forma, también nos preocuparemos más por crear contenido de valor real.

Si bien es cierto que las redes se utilizan para informar, en mi caso, también las usaba como una herramienta para generar más contenido sobre lo que comentaba en el programa de espectáculos donde estaba. Hago referencia a esto, pues, por ejemplo, en el *post* de Kim Kardashian donde salió cargando la botella con las curvas de su trasero, en menos de 5 horas obtuvo 10 millones de "me gusta", por decirles algo exagerado. De hecho, no recuerdo cuántos *likes* obtuvo esa foto, pero sí sé que a nivel de centimetraje periodístico fue tendencia mundial, obviamente por el morbo que genera ver que el *derrier* de una mujer es utilizado como una mesa y más de Kim Kardashian, que todo el mundo la ha visto crecer a lo largo de su vida je je je.

Pero bueno, el cuento "largo-corto". Si tú eres una persona que tienes tu cuenta Instagram como negocio, si eres una persona que la tienes de manera orgánica, y la tienes porque te gusta compartir fotos con tu familia, no estés pendiente de cuántos *likes* obtuvo tu foto o video. No les puedo negar que todos hemos caído en la tentación de mirar, luego de una hora, para saber cuántos *likes* lleva nuestro contenido, todos somos culpables, pero si nosotros vamos a vivir y estar en una red social solamente pensando en eso, vamos a parar en una clínica de rehabilitación de redes, y ojo, te lo está diciendo una persona que hasta ha llegado a buscar estrategias con su equipo de trabajo digital para mantenerse un poco más alejada de las redes, cosa que he entendido, por las consecuencias que genera en mi postura y sus dolencias del cuerpo.

Para concluir, lo que quería destacar y hacer énfasis, es que no puedes basar tu vida entera en pensar cuántos *likes* va a obtener tu contenido. En la medida que lo veas menos complicado, o que lo veas sin esa necesidad de ser aprobado, lo disfrutarás más. Hasta que eso no te mueva, no te haga vibrar, piensa ¿necesitas ser aprobado? ¿Ese *like* para ti es equivalente a un abrazo? ¿Un *like* es lo que va a determinar lo que estás haciendo? Si con esas preguntas encuentras una respuesta, te invito a que la compartas conmigo pues, obviamente, si estoy escribiendo este libro, en referencia a todo lo que ocurre con las redes, es porque también quiero leerlos, quiero escucharlos, quiero invitarlos a buscar, dentro de ustedes, respuestas a las aristas del social media que aquí he colocado.

Por cierto, si te gustó este capítulo, dale *like*. 😉

#CosasQueSienteCaro

#CosasQueLePasanALaVenenosa

#ElAlmuerzoConCaro

#LaReinaDeLaFaja

#QueBellaMeVeo

#LasSandoval

#CosasQueSienteAmalitica

#LaMujerDeMiVida

#CaroYNick

#ElTrasnochoConCaro

#VísteteConCaro

#LaLuzBrillaSinEsfuerzo

#TeLoJuroPorMiFaja

#ElRitualDelSilencio

#LaReinaDeLasTías

#CeroComplejos

CAPÍTULO VI

#LaReinaDeLaFaja

Hoy, 9 de noviembre 2019 (cuando escribo esto), para mí es un día de esos en los que debo poner a funcionar mi memoria emotiva y recordar cuando escuché, por primera vez, aquella canción llamada *Mi primer millón,* ¿se acuerdan?, del grupo Bacilos y salió en el año 2003. (Ese año, por cierto, nació mi Bárbara Camila). Esta canción fue una revolución, en aquel momento, por su letra que contaba la historia de alguien que quería pegar en la radio para ya no estar endeudado, volverse famoso y comprarle una casa a su gran amor... cuento "largo-corto" mi gente, para contarles que hoy me informó mi equipo de soñadores que gané mi primer millón con mi empresa de fajas.

Dios de la vida, no me canso de mencionarte, no me canso de decir que todo y cuánto se desea, se realiza si lo deseas con el alma. Y como dice la canción, yo quería pegar en la radio, sí, y en la tele, pero nunca imaginé que mi primer millón vendría de mi vida digital y de mis redes, porque a mis redes les debo esto y más. 🙏

Hoy cuando me llama mi equipo de trabajo, encargado de mis negocios, y me dice: "Caro, estaba esperando que se diera la venta que llevaría tu empresa a convertirse en una de un millón de dólares para notificártelo". A pesar de que cuando me emociono brinco, grito y toco el cielo, les juro que me quedé tranquila y muy serena, tratando de asimilar y administrar mis emociones. Decirlo es muy fácil, pero trabajar, incansablemente, en inyectarles a todos los que me rodeaban que mi sueño era lograr un gran negocio familiar no ha sido sencillo. Y lo entiendo a la perfección, más viniendo de una familia que siempre creyó que los trabajos convencionales (que no me gustaban) serían los que me llevarían al éxito sí o sí.

Esto, sin duda, era algo fuera de liga. Obvio, pensaba que cualquier cosa que no fuera de 8 a.m. a 5 p.m. y con salario fijo era una locura muy arriesgada. El caso es que salí de mi zona de confort y no necesité pensar en cómo hacer un millón para lograr obtenerlo...

Porque todo es resultado de un sueño con trabajo arduo.

Aunque para algunos suene extraño, para mí no es primordial que me vean miles de personas o una sola porque, la verdad, mi contenido es terapéutico, tanto para mis seguidores como para mí. Y fíjense que nada ocurre por casualidad. Un día recibí una caja de aniversario de McDonald's, porque ellos estaban celebrando los 40 años de la cajita feliz, y pensar que hace como 20 años mi situación era súper diferente. Muchas veces, yo almorzaba McDonald's porque no tenía para otra cosa. Incluso, siendo ya madre, recuerdo que no tenía ni para comprarle una cajita feliz a mi hija. Pero, el mundo gira tanto que, hoy día, es la propia empresa quien me envía regalos y detalles, recordándome que todo en esta vida es posible si trabajas duro, como es mi caso en las redes sociales.

Por cierto, si quieren bailar y gozar, busquen mi canción de *#LaReinaDeLaFaja* en iTunes y en mi canal de Youtube: Caroysufaja.

CAPÍTULO VII

#laluzbrilla
sinesfuerzo
#LaLuzBrillaSinEsfuerzo

Un buen día empecé a expresarme sutilmente, aun más por medio de mis # dentro de mis publicaciones; era como ese cierre con broche de oro y esa cachetada con guante blanco. De hecho, la primera vez que utilicé esta etiqueta, esas palabras me salieron del alma porque no daba crédito a lo que mis ojos veían.

Yo tengo un buen amigo que dice algo muy cierto: "lo que te choca, te checa" y es cierto, porque a veces es muy fácil detectar cosas en los demás que, de pronto, tú también tienes. Claro está, la primera vez que utilicé el *hashtag* en cuestión fue, precisamente, porque si alguna vez fui así, ahora lo veía con vergüenza porque en la vida todos sobresalimos en algo sin esfuerzo. El tema es que en ese instante de mi vida yo no trataba de insinuar nada, lo decía y punto, y *#LaLuzBrillaSinEsfuerzo* ⭐ se convirtió en mi favorito por casi dos años.

Esta etiqueta, sin duda, para mí es muy potente porque lo que quiere decir es que aquel que tiene ese don para iluminar cada lugar a donde llega, sin hacer ningún esfuerzo, debe sentirlo al punto de no ofenderse por tanta competencia malsana que uno ve en todos lados. Y siento que sucede más en lugares tan llenos de gente queriendo hacer lo mismo, sobre todo en este medio donde me desenvuelvo se nota más. Y cuando digo "queriendo hacer lo mismo", me refiero a lo que veo a diario, la necesidad constante que tienen muchos de hacer cosas y probar que son buenos en algo, cuando en realidad no hay nada que probar porque si tú lo tienes y lo sabes se nota, NO HAY QUE FORZARLO. Y mis amores, les juro que hasta que la gente no entienda que solo debe ser espontánea y dejar fluir su talento, no sabrá cómo crecer en lo que quiere. Deben entender que con la gracia de Dios y sus habilidades, la luz sale y se desparrama en todos los rincones que pisa.

Me llegó a pasar, en alguna ocasión, que alguien quería sobresalir a como de lugar, y uno notaba que así tuviera que inventar, mentir y recurrir a sus curvas, lo más importante para esa persona era no solo intentar brillar, sino opacar a los demás... y eso es lo peor, tratar de sobresalir pisando a otro. En mi experiencia, cuando uno es cálido, cercano, colaborador y auténtico todo sucede más rápido; es algo como matemático porque cuando tú ves a alguien seguro de sí mismo, pues se nota. Por el contrario, cuando observas a alguien que **no** lo es se nota mucho más. 😂

Con el transcurrir de la vida, uno va sintiendo y conociendo para qué uno es bueno. De hecho, día a día reitero, certifico y siento que hay tres tipos de gente: los que nacen con luz, los que saben para qué son buenos y en qué se destacan sin esfuerzo y aquel que vino a recostarse de la luz del otro e, incluso, quiere ser la sombra. En realidad, mis amores, nada como vivir en la luz. Y la luz atrae más luz y hasta en las redes se siente. Tú puedes ver, claramente, qué cuenta de Instagram la transmite. Existen cuentas que tengo que ver todos los días porque me inspiran, me llenan de alegría, me hacen reír o me hacen pensar más allá de lo básico. Y es por eso que digo siempre (para mis adentros): **"DIME QUÉ POSTEAS Y TE DIRÉ QUIÉN ERES".** Y aunque exista gente que trate de aparentar una imagen en su Instagram y otra en la vida real, hoy día se nota, se sabe quién es cada cuál hasta por una historia de 13 segundos; hasta se nota quién es la persona por lo que

no publica y por la forma en la que publica.
¿Y ustedes brillan con luz propia? ¿Tienen a alguien que intenta hacerles sombra? De hecho, esto me lo pueden responder al final del libro en el capítulo: ***#LosLeo***... que será como tu diario conmigo. ¿¿¿Sale y vale???

¡Ajá! Pero antes de pasar al capítulo siguiente, les dejo este *repost* de una gran amiga a quien quiero, admiro y respeto mucho: *@anabelleblum*, que es una Periodista, bloguera, *influencer*, pero Comunicadora Social ante todo, con mucha luz propia y que brilla por su autenticidad en las redes.

**Yo comparto este sentimiento con ella, no hay necesidad de compararse con nadie.
Por eso, aquí se los dejo.**

*INDETENIBLE a pesar del CAOS, de eso se trata 🚀✨
#TBT a algo que me pasó el lunes. Lee hasta el final.👇*

*Hace unos días, me encontré con alguien que me preguntó cómo estaba nuestro 🐶 nuevo. Yo le hablé de él de lo más emocionada -como buena mamá-. 🤍🐾😂Después de eso me comentó: "Sé que tienen mascota nueva porque ustedes tienen una VENTANA ABIERTA y la gente conoce TODO lo que pasa en sus vidas", refiriéndose a mi **#Instagram.** Mi respuesta a tal "afirmación" fue: "¡Eso es lo que tú crees!" Y hasta ahí lo dejé. 😱*

*Hoy aprovecho esa anécdota para explicarles algo: lo que ven en esta cuenta es una pequeña parte de mi vida, pero mi día a día va mucho más allá de lo que comparto en este espacio o en mis **#stories**. Como a cualquier otro "mortal" se me presentan problemas, contratiempos, preocupaciones, lágrimas, situaciones inesperadas, estrés. 🙃 También estoy rodeada de amor, alegrías, pequeñas victorias, de una familia que es mi centro y cable a tierra; de amigas (pocas) que adoro con el alma, etc., etc., etc.*

Pero yo escogí hacer de esta cuenta un lugar donde podamos CONECTAR y COMPARTIR mujeres (y los hombres que quieran también), que buscan inspiración, motivación, positivismo, alegría y buena vibra que es mi filosofía de vida, y para que también ustedes me alimenten a mí de esa misma energía ⚡; no hacer de esta una ventana para hacerles creer que tengo una vida "perfecta".

Así que NO TE COMPARES con lo que ves en Instagram (ni pienses que lo conoces todo), porque por aquí nunca tendrás "el cuadro completo" 🖼 de quienes sigues en general.

Mi propósito es que cada de una nosotras entienda que podemos ser UNSTOPPABLE, a pesar de nuestro propio caos y sin necesidad de compararnos con nadie.

¡Listo, eso era todo! Ya puedes seguir revisando lo que hacen los demás en Instagram, si leíste hasta aquí sé que vas a disfrutar las publicaciones de otra manera. 😘😉

#AnabelleBlum / #ByLaBlum / #Reflexiones / #Mujeres / #Life / #Motivacion / #Inspiracion / #MujeresReales / #VidaReal / #ThrowBackThursday

CAPÍTULO VIII

#LasSandoval

Mi fuerza, mi luz, mi llamado a tierra, mi alimento para el alma. Ellas son lo mejor de mi mundo; las que con mirarme me levantan de cualquier caída; las que hacen posible que todo sea posible. Cuando hablo de mi mamá, mi hermana y mis hijas me dan ganas de llorar. Ellas representan a mi padre en todo momento y, al no estar físicamente mi papi, ellas cuando hablan, "hablan" por él.

@amaliadesandoval

Dios, qué más les puedo decir de mi madre que no hayan leído en cualquier *post*. Es más que *#MiReinaMadre* 😑👑🙂 Creo que cada vez que tengo la oportunidad, expreso qué significa mi mamá en mis días, en mi vida. Esa mujer de carácter fuerte, me la mandaron como me la recetó el doctor. Ella, desde que nació, estaba destinada a ser mi madre; es mi mejor amiga, su sinceridad es su estandarte y su sueño erguido. Ella, al caminar, todo el mundo la tiene que ver. Es más, si la ven en pijama yendo a botar la basura pensarán que soy yo "porque antes muerta que sencilla". 😂

Amo su historia, su manera de amar a los suyos. Su forma de ver la vida invita a que jamás caigas, a que nunca te dejes intimidar por unos pocos. Ella es tan líder de grupo, que seguirle los pasos es un privilegio. Ella es sinónimo de bondad, de pureza, de disciplina, de encanto, de diversión, de cinco de la mañana, de orden y de pulcritud. Ella es muchas cosas a la vez, incluyendo también una palabra que, sin ella, no podría existir: estricta. Es muy correcta y puntual. Mi madre no acepta la falta de respeto hacia el tiempo de la gente, parece británica con "hora inglesa y todo" 😂😂😂 y, *by the way*, así es con ella, hay que andar derechito como si de la misma Reina de Inglaterra se tratara, no existe otra forma de andar a su lado.

Madre de mi alma, mi *#SimplementeAmalia*, mi mejor todo, incluso en esta época digital se ha convertido en todo un hit en mis redes con sus conversaciones, llenas de anécdotas de su tan amado Charallave, donde nació y donde alberga todas sus memorias. Para mis seguidores, ha sido tan impactante la fuerza de mi mamá en las redes, que le abrimos un canal de YouTube, en el cual, se pueden suscribir y encontrar su corazón en cada video. La amo, porque verla a la par de la tecnología me enternece y me hace admirarla mucho más. Porque dentro de toda esta popularidad de mis redes, a ella también le ha tocado vivir el ser criticada y apuntada con el dedo acusador de los menos bondadosos. Y, aunque mi madre no les presta atención, me parece insólito que una señora, que no se mete con nadie, venga a ser foco de interés de los que se quieren meter conmigo.

El caso es que con mi madre se equivocaron los haters, porque ella ni los determina, solo les manda 💕❤️💙 y #bendiciones, porque ***#LaLuzBrillaSinEsfuerzo.*** ⭐

@pekas007

No tengo palabras suficientes que puedan definir lo que es mi hermanita Mariela para mí. Ella parece la mayor, ella es la más madura de las dos a nivel emocional; ella es mi roca, mi ejemplo a seguir. Creo que las dos nos admiramos por las cualidades de la otra que nos complementan.

Mariela es mi llamado a tierra, mi mano derecha. Ella es esa chica prudente, sensible y reservada. Mi *sister* es de ese tipo de personas que cuando te la ganas, te da su corazón para siempre, pero cuando le fallas, la perdiste para siempre.

Al igual que mi madre, Mariela es la reina de la indiferencia, maneja muy bien sus emociones y, aunque es de pocas palabras, es de palabras impecables. Es muy habilidosa con los idiomas y, por cierto, parece mi corrector del teléfono. Dentro de mi plataforma, es la que se encarga de vigilar qué está mal escrito o tiene una redacción confusa. Es súper talentosa para la edición de videos y créanme que cuando he andado a mil, le escribo "urgente, por fa, hazme un video".

Siempre digo que cuando uno hace algo y tiene un equipo, debe ser el *dream team*, incluso, ser más talentosos que tú. De hecho, los grandes empresarios siempre se rodean de gente que sabe tanto o más que ellos. Amo tenerla en mi vida, en todos los aspectos, por eso la he motivado (por no decir obligado), a abrirse más en las redes, porque este es un mundo y una parte de mi vida súper importante para mí, en el que también deseo que esté presente. Sin duda, ella es la seria de la familia y, aunque me mate, tengo que decirles que canta como los dioses. Es súper talentosa, pero penosa. Si algún día participara en un concurso de canto, sé que ganaría (publicidad no paga). 😂😂😂

@barbaracamilas

Mi Barbie de carne y hueso, mi primer gran amor, mi profesora, mi coach de vida. Ella, quien desde que la soñé, sabía que me haría muy feliz. Y cuando digo esto, me refiero a aquellos días en los que ni siquiera soñaba con existir Instagram. Yo contaba con veintitantos y a cada restaurante que iba en las servilletas escribía su bello nombre "Bárbara Camila" *#TrueStory*. Mi hija mayor es la bendición más bella que llegó a mi vida, en un momento en el que no tenía idea hacia dónde iría profesional y personalmente.

Siempre he sido muy determinada, es verdad, pero al igual que cualquier persona tuve momentos de desesperanza, de tristeza, de búsqueda. Y es por eso que en las redes me refiero a ella con esta etiqueta *#LaMujerDeMiVida*, porque es verdad, y porque ella le dio un rumbo a mi existir. Gracias a Bárbara Camila supe lo que significaba una de mis palabras favoritas: "mamá".

Hoy en día, Barbie es una niña muy enfocada, de hecho, no es de redes así como yo y, aunque es de las que me apoya, ella me dice cuándo sí y cuándo no está a gusto con fotos para Instagram. Obvio, por ser mi hija, le ha tocado duro el tema de la exposición digital pues, como bien sabemos, existe gente que se disfraza en las redes con seudónimos para buscar herir en lo más profundo y con lo que más me duele que son mis hijas. A propósito de eso, les cuento sobre un evento, el cual generó que yo creara una campaña digital llamada *#NoSeValeElBullyingConLosNiños*, ni con nadie obvio, pero con los niños es inaceptable. 🙄👉

Recuerdo aquel desfile en el marco del *@miamifashionweek* a beneficio de una fundación sobre el autismo que se llama *@iluminemosdeazul* (en el que desfiló mi hija menor).

Barbarita se tomó una fotografía afuera del lugar, que causó que hasta mis seguidores me alertaran sobre un comentario en la foto que publicamos en mi cuenta. Ella salía con su *#ootd* (look del día) muy casual, propio de la ciudad donde vivimos, *#Miami #LaCiudadDelSol* y le empezaron a hacer *bullying*. Y cuando digo *bullying* es absolutamente cierto. Obvio, se querían meter conmigo, pues le escribieron haciendo referencia a su peso y que como yo era *#LaReinaDeLafaja*, ya tenía la suya garantizada.

De verdad, Barbie es una chica hermosa (como dirá toda madre) y con su fisonomía muy latina, de la que nos sentimos orgullosas, pero lo que me parece vergonzoso es que la gente se meta con niños y no se fije lo que puede causar. Mi hija es una muchacha segura, pero esa fue la primera vez que me preguntó (tenía 13 o 14 años para ese momento): "mami, ¿yo soy gorda?, ¿me veo fea?". Y allí sentí ganas de llorar porque los *haters*, mejor denominados por mí como *#LombricesDigitales*, habían logrado su objetivo, molestar la cabecita de una adolescente que estaba fijando sus bases en la seguridad y sin complejos. Por supuesto, mi campaña anti *bullying* salió reseñada en periódicos digitales y mi indignación no fue fácil de ocultar.

Es importante destacar que para mí el que una persona sea alta, baja, gorda, pelirroja o lo que sea, jamás será motivo de burla, porque todos somos iguales, pero lo cierto es que en estas épocas es horrible ver cómo los que no tienen oficio buscan llamar la atención de nosotros los que llevamos vidas públicas. Y aunque al principio nos molestó, la verdad es que les agradecemos que lo hayan escrito, porque una vez más el amor de ustedes triunfó y la campaña seguirá, y en cada *post* que puedo coloco el *#NoSeValeElBullyingConLosNiños* y allí tienen una voz visible para defender a los más indefensos.

A todas las mamás y papás que me leen, debemos reforzar a diario el amor y hacerlo evidente a nuestros pequeños, porque un niño amoroso no lleva odio en su corazón y ve con compasión a quien no tiene una linda vida y busca dañar el autoestima, la seguridad y ánimo de los demás. Y ojo, esta es una de las muchas anécdotas que podría contarles.

@mipedacitodeluz

#MiChuchería
#MiMuñeca
#AmaliaVictoriaEnCamino
#CosasQueSienteAmalitica

Son algunas de las etiquetas que hemos utilizado para hablar de la preciosa muñequita que llegó a nuestras vidas para iluminar, aún más, los días y para hacer que el *#Madred2* se apoderara de mi existencia. Decir que la amo es poco, decir que sus miradas me derriten también.

Amalia Victoria es ese milagro en mi vida y la demostración de que cuando Dios quiere, quiere y punto. En el año 2010, fui diagnosticada con cáncer de tiroides. Luego, en el 2011 me la extrajeron, y me sometí a un tratamiento de yodo radiactivo en la Universidad de Miami. Después de leer mucho, entendí que me costaría tener bebés, incluso, hasta ya me visualizaba con Barbarita nada más como ÚNICA hija. De hecho, antes de someterme al tratamiento de yodo radiactivo pensé y hasta visité un doctor para congelar mis óvulos, pero finalmente decidí dejar todo en manos del mejor médico que conozco entre cielo y tierra: Dios.

Cuando me enteré que estaba embarazada de Amalia Victoria, en noviembre de 2015, lo que hice fue llorar de alegría y de emoción. Llorar porque, como siempre,

Dios estaba dándome más respuestas. Los milagros existen, porque todas las personas que han pasado por tratamientos invasivos saben que lo primero que le dicen a uno es que "tener hijos" será más complicado de lo normal... es por eso que, para mí, Amalia Victoria es una 'victoria' en todo sentido. Ella llegó para ser nuestra luz y seguir iluminando nuestro camino. De hecho, mi bella niña es muy cariñosa, tierna, divertida y cómica, ella es la más digital de todas. Desde que estaba en mi barriga, antes de saber su sexo, ya tenía Instagram y de allí viene el nombre de su cuenta en las redes: *@MiPedacitoDeLuz.* ⭐ ❤️

También vale la pena contarles que todos me criticaron, para variar, "que para qué más trabajo; que por qué abrirle una cuenta de Instagram a una bebé" y cuanta cosa le dice la gente a uno para expresar su inconformidad ante lo bueno, lo malo y lo regular, según sus puntos de vista.

💕Amalia Victoria se convirtió en un personaje muy importante en mis redes, y cuando digo personaje es literal, ya que se roba el show completo solo con mirarme y lo hace desde aquellas primeras fotos desde su nacimiento hasta el sol de hoy. Cabe señalar que cuando estábamos buscando un nombre para su cuenta de Instagram (manejada obviamente por nosotros), queríamos algo que la representara y créanme que lo logramos porque ella tiene tanta luz que de solo tenerla cerca ya te contagias.

Les cuento varias anécdotas:
Cuando Amalia Victoria ve un celular, ella de una vez asume posición de "grábame o tómame una foto"...

Incluso, en una ocasión, le estaba tomando video y foto con un traje para una actividad de su colegio y, sin indicarle nada, me dice con sus tres añitos: "mami ponle luz" y me fue a arreglar la toma. 😂😂 Tuve que publicar ese video, porque fue la cosa más divertida del mundo. Evidentemente, los niños son una esponja y asumo que ella repite lo que escucha, ya que "sin luz no hay paraíso". 🌟📷😂😉😂 ¿Ustedes saben cuántas veces *#MiChuchería* me habrá escuchado decir algo en referencia a la luz en los videos? El caso es que ahora los bebés nacen digitales y mi Amalita no es la excepción.

Por otro lado, todo el contenido que hemos publicado de mi muñeca lo pueden encontrar en Instagram por el *#CosasQueSienteAmalitica*, ya que fue el que utilicé para diferenciarlo del mío *#CosasQueSienteCaro.* 😉

Una información adicional que quiero compartir en este capítulo, es para los papás que, como yo, deciden abrirles una cuenta a sus hijos. Y es que por seguridad de ellos, primero establezcan que solo ustedes la manejarán y que, al ser una cuenta de menores de edad, será respetada como tal.

En mi caso, y en referencia a este tópico, he desarrollado una habilidad para detectar quién me quiere molestar, metiéndose en las cuentas de mis hijas. Créanme, existen seres que se han puesto a escribirme cosas feas en el Instagram de mi pequeña. Por supuesto, mis amores, esas personas sin caras son bloqueadas y eliminadas de nuestro espacio digital. El caso es que, hoy día, Amalia Victoria tiene Instagram, Facebook y su canal de YouTube, bajo el mismo nombre. Todo llevado con mucha responsabilidad.

@jorgeoswaldods18

¡No es UNA Sandoval, es UN Sandoval!
Escribo su nombre y tengo ganas de llorar, le miro a los ojos y no puedo contener las lágrimas... no sé si pedirle la bendición o dársela. Desde que Jorge Oswaldo vino al mundo todas *#LasSandoval* estamos derretidas, es como ver crecer a mi papá, ya que nos recuerda mucho a nuestro Oswaldo Ramón. La verdad que no se pueden imaginar qué significa él para todas nosotras, nada más de repetir su nombre sonreímos. Mi sister *@pekas007* no sabe la misión tan grande que va a tener su hijo, 👉 mi bello sobrino... es que él vino al mundo por algo muy grande, lo siento en mi corazón y, aunque sabemos que una de sus misiones es devolvernos un poco la felicidad, seguramente hará más, mucho más que eso. ¿Y saben qué? Mi hermana es la mejor madre de mundo. Además, mi *#JorgeOswaldo* tiene toda la esencia de ella: ama la música, canta y baila. Lo más bello de mi muñeco es que es muy educado y muy detallista. Mi campeón, para su edad, es impresionante ver cómo se fija en todo. Le gusta bailar y el teléfono como a todo niño, y cuando la Tía Caro, o sea yo, 😌 lo llama por FaceTime es todo un show. Y saben qué, me habían dicho que ser tía era de otro mundo, pero se quedaron cortos, porque yo les puedo decir que amo a mi sobrino como a un hijo y no es de los dientes para afuera, es la realidad... es tan mío que no les puedo explicar lo que significa ser su tía. Le doy gracias a Dios por tal bendición y sé, perfectamente, que cuando sea viejita, mi muñeco me llevará a misa en su Jeep.

Firma: ***#LaReinadeLasTías***

CAPÍTULO IX

#CaroYNick

Imagínense dos personas que se vuelven a encontrar, por cosas de la vida, luego de 25 años. ¡Pues hace 5 años eso nos pasó a *@nickhernandezve* y a mí! Eso lo vivimos y, aunque parece de novela, es verdad. 😍😍😍

Érase una vez un par de adolescentes, en un verano cualquiera, durante clases de nivelación, él de 15 y ella de 14... pues esa fue la edad que tenía yo cuando miré, por primera vez en mi vida, a Nick. Quién diría que sería el padre de mi segunda hija, ¿verdad? Recuerdo, como si fuera ayer, estar en mi antiguo apartamento (en el que vivía con mi hija Barbarita), y estar chateando con Nick, por medio de un grupo de Facebook del colegio donde estudiamos.

Recuerdo mi sonrisa llena de picardía al intercambiar palabras con Nick y al contarnos, discretamente, de nuestras vidas. ¿Quién lo diría? El caso es que nos escribíamos por Facebook y luego intercambiamos teléfonos y empezó el WhatsApp.

Qué curioso que para aquel tiempo Nick ni siquiera tenía Instagram. Nick, al empezar nuestra relación formalmente (bueno, nunca tuvimos una relación de otra forma), fue que abrió su cuenta de Instagram. Es decir que al iniciar una vida conmigo también inició una vida pública y su mundo digital. Hoy día, tiene miles de seguidores y gente curiosa que quiere saber de su vida o de nuestra vida, y hasta se ha convertido en un *influencer* bien orgánico.

La verdad es que siempre digo que nuestros padres nos unieron. Mi papá y el suyo, que viven en el cielo, nos dieron una mano para salir de nuestra soltería y empezar un hogar juntos. Hogar que se ha ido construyendo con bases sólidas, despacito, como dice la canción, y con un montón de ojos arriba viéndonos. Para mí fue difícil involucrar a Nick en mi mundo porque él tenía el suyo y lo dejó por mí. Postgrados, Profesor en la universidad, Contador en organismos súper respetados y pare usted de contar. Podríamos decir que Nick, el día que abrió su cuenta de Instagram, empezó una nueva vida. Una nueva vida en todo sentido.

Obviamente, ustedes se preguntarán si ese cambio fue fácil o difícil y la respuesta es que Nick se metió en nuestro nuevo estilo de vida y se adaptó, pero eso tiene sus detalles relacionados con las costumbres que, culturalmente, cada uno posee. Por ejemplo, Nick cambió el traje de vestir por la ropa más relajada; ahora nuestra unidad de negocio más potente es de nuestros trabajos en las plataformas digitales y de nuestra empresa de las fajas.

De hecho, desde que Nick llegó a mi vida, llegó a mejorarla y organizarla a nivel financiero, con sus conocimientos en esta área. Área en la cual he desarrollado mucho mi capacidad de poder entender los procesos y me ha tocado aprender lo que tanto me costó siempre. Sí, duélale a quien le duela, lo que siempre me costó más fueron las finanzas y mi tiempo porque fui siempre muy celosa de mis espacios. Yo me veía casada pero, a la vez, me veía como presa en un solo lugar por ser tan espontánea y libre, e incluso, hasta egoísta. Nunca fui la típica niña que dejaba todo por amor, de hecho, fue todo lo contrario, dejé el amor por cumplir mis sueños.

El caso es que cuando me casé con Nick, un 11 de abril, empezamos a caminar de la mano con nuestras grandes diferencias y con nuestras similitudes, culturalmente hablando. Nick ha tenido que relajarse más acá y, si soy sincera, su nivel de tolerancia a lo nuevo ha mejorado con el pasar del tiempo. Tiempo, en el cual, como cualquier inmigrante ha pasado por todos los sentimientos típicos de nostalgia, apego, tristeza, angustia. Y obvio, eso perjudicó en un tiempo nuestra convivencia que, aunque siempre ha sido civilizada, ha tenido sus momentos álgidos y en donde los consejos de mi mamá fueron catalizadores. Una mujer como mi madre que vivió 43 años con un extraño, como ella señala, tiene absoluta licencia de meter mano y opinar con base. Mi mamá siempre dice que nunca terminas de conocer a la gente y, con base en eso, debes trabajar áreas del perdón, del aflojar la cuerda y del amor. De hecho, ella cree más en el amor que se va construyendo que en el amor apasionado que vuelve loca a la gente. Tanto para Nick como para mí, Amalia Guzmán de Sandoval ha sido una pieza clave de este ajedrez. Incluso, otro aliado de esta relación es el Padre Paco quien, como sacerdote, ha fungido de consejero matrimonial, de amigo y hasta de hermano mayor. 🙏

Siempre digo que para que una relación pública funcione debe existir sinceridad, “ni yo voy a cambiar y mucho menos Nick”. Y es que nadie pretende aparentar lo que no se es y a la prueba me remito. Existen cosas de Nick y yo que, aunque no lo crean, las evitamos compartir para no darle papaya al enemigo. Miren que uno nunca sabe quién quiere molestar al que está quieto. ¿Que si ha sido fácil? Pues no, porque estamos, en su mayoría, a la vista de todos y hasta una molestia en la calle debemos evitarla, para que no vaya a salir una lombriz que quiera figurar. Nick no es San Pedro y yo, mucho menos, la Virgen María, pero créanme que *#CaroYNick* siguen acumulando millas de amor, amistad, tolerancia, paciencia y pare usted de contar...

CAPÍTULO X

#VísteteConCaro

#VísteteConCaro es muy reciente. 👗👗👗 Nació en Los Ángeles, en un momento en el cual, literalmente, yo diría que tenía menos de 15 minutos para estar vestida y lista en el pasillo del hotel, porque me venían a buscar para irme a la transmisión en vivo del programa que yo hacía. *#VísteteConCaro* fue ese momento en el que mi equipo *@marianafrontadomakeup* y *@gisselamolinamakeup* me ayudaban a vestir. Fue algo súper divertido porque recreamos todo lo que una persona, que trabaja en este medio, necesita hacer para estar lista rápido y alineada en los horarios establecidos. (Ya saben que en este medio el tiempo es *money).* 😂😂

Eso de que la gente me viera con mi siempre indispensable faja, 💅💅💅 ya maquillada, peinada, agarrándome el pantalón, poniéndome los zapatos, fue algo muy divertido; algo que estaba ocurriendo en verdad, que no fue planificado para hacer un video, sino que, simplemente, formaba parte de mi cotidianidad de ese momento, y entonces, vuelvo a lo que he resaltado en todo el libro: ser real y espontáneo tiene su recompensa.

Se dan cuenta de que las cosas que hago no son parte de una estrategia, donde alguien dice "mira, esto lo harás así, el próximo miércoles a las diez de la mañana". No. Es algo que nace natural, algo que forma parte de mi cotidianidad como también lo es *#ElAlmuerzoConCaro*. Trato siempre de grabar estos videos, porque hay una necesidad, hay una comunidad allá afuera ávida de humor, ávida de compañía y aquí estoy yo, siendo yo y creando contenidos sin pensar si la idea va a ser un éxito o no.

Al regresar a Miami, empecé a mezclar *#VísteteConCaro* mientras terminaba de desayunar y, a pesar de que no es muy seguido, cada vez que ocurre, la gente se siente muy a gusto de poder ver, como digo yo, los truquitos de la *@venenosandoval*. Por ejemplo, que si un día me pongo medias panti primero, antes de colocarme la faja; que cuando me maquillan y me peinan, trato siempre de ponerme camisas que salgan fácil por arriba; que si utilizo ropa de color piel o ropa negra, como ropa interior. Ese tipo de cositas que a la gente le gusta saber de las personas que siguen, y conmigo es muy fácil porque yo les comparto todo.

Por lo menos, en *#VísteteConCaro* es todo muy espontáneo, solía abrir el clóset que me asignaban las personas que me vestían para el programa y yo escogía lo que mi corazón quería ese día, o el color que quería lucir. En verdad, yo creo que el éxito de estos videos ha sido esa manera divertida y muy 'yo' que utilizo para poder contar un tema o representar eso que tú, que estás leyendo esto, haces todos los días en tu casa: el hecho de vestirte y mientras te estás vistiendo te cepillas los dientes, o alguien toca la puerta. O sea, esa dinámica real que, de pronto, solo vemos en los *reality shows* de familias muy conocidas.

Yo siento que tengo mi propio *reality show,* pero con mi cámara del celular. Hay mucha gente que lo hace y solo comparte el producto final que, ojo, también es válido, cada quien tiene el derecho de escoger el contenido que sea maravilloso, ideal o conveniente para su imagen.

En mi caso, señoras y señores, no hay un solo día que yo no dé gracias a Dios, por haber innovado con algo normal; innovado con algo que todo el mundo hace. Ayer me contaba un chico, que me hace masajes, que una compañera de su trabajo "almorzaba" conmigo, se "trasnochaba" conmigo y se "vestía" conmigo, porque yo era como su amiga. Y no es como, es que de verdad soy su amiga. Porque uno se convierte, por medio de esa pantallita de los celulares, en el modelo a seguir de alguien, por ejemplo, en cuanto a estilo. Es así como cuando yo misma voy a la página de Calvin Klein o de Jessica Simpson, y digo "déjame ver de qué color tiene las uñas o qué tendencia hay de maquillaje". Son cosas frívolas, seguramente que sí, pero de eso se trata ahora mismo ser una personalidad de las redes sociales, en ser un punto de foco de atención para que las personas emulen o vean cómo es tu realidad.

Claro, aquí viene la parte de responsabilidad social. Sabiendo que me ven niñas, adolescentes y mamás, yo quiero dar un mensaje de sentirte bien en tu propia piel y aceptarte como eres, porque no soy perfecta ni juego a eso, yo creo que soy la antítesis de la perfección. Pero, lo que promuevo va por el lado de sentirte plena, tranquila y cómoda, sin complacer a los demás o estar pendiente del "qué dirán".

Un día, otro personaje por ahí me dice: "Caro, ¿cómo hago para tener éxito como tú en las redes?", y le digo "no pensar en eso". Cuando tú dejas de pensar en qué vas a obtener con algo que estés haciendo, ese día todo ocurre. Cuando te decides a hacerlo así, es como si te quitaras un peso de encima, porque si tú piensas ahorita "ajá, ¿qué fue lo que hizo Carolina con *#VísteteConCaro?* Te das cuenta de que eso no fue planificado y por eso gustó. Así que léelo, internalízalo y no te pongas a pensar tanto, solo hazlo de forma natural, porque cuando lo haces así, encuentras como la sazón diferente. Es como cuando alguien hace arroz. El arroz a todas las personas no le queda igual; el arroz, de hecho, es de las comidas más difíciles de realizar. A mí, en la vida, me ha salido bien un arroz, 😂 ni siquiera con arrocera eléctrica. Entonces, cada quien tiene su toque, cada quien tiene esa manera de sazonar los videos, la receta, esas cosas divertidas. A la gente le gusta mucho el humor, lo genuino.

Si me preguntaran hoy "Caro, ¿cuál es tu receta para las redes sociales? De verdad que la única cosa que podría decir es ser yo misma. Y eso le respondí yo al muchacho que me comentó sobre su amiga. Es más le dije:

— Qué cómico, le encanta lo mismo que tú haces.
— ¿Lo mismo?

Al ver que no me entendía le pregunté:

— ¿Cuántas veces al día tú comes?
— Bueno, desayuno, almuerzo y ceno más las meriendas—, me dijo.
— Eso es exactamente lo que yo hago, solo que yo lo he normalizado.

Y eso es lo que la gente ve extraordinario.

CAPÍTULO XI

#ElAlmuerzoConCaro

Este famoso *hashtag* empezó como casi todas las cosas en mi vida que les he descrito en este libro. Yo nunca planifico que va a ser un éxito, nunca tengo esa visión porque si la tuviera fuera, más o menos, una asistente de Dios o fuera una especie de amiga de San Pedro. No tengo la habilidad de saber qué va a funcionar, ni siquiera con los conocimientos que uno va adquiriendo o con la base en estadísticas o números... pero yo les prometo, les juro por mi faja, que en cada cosa que hago soy Carolina, tal cómo ven. 😁

Primero que nada, deben saber que los nombres de mis cosas van saliendo con el desarrollo, con su evolución. La primera vez, estaba un poco aburrida, estaba esperando que fuera la hora para vestirme así que prendí la cámara mientras comía. Lo hice un día, lo hice dos. Pero todo sucede dentro de mi vida real, con las cosas que realizo de verdad. Entonces, típico que después de que me maquillaban en el canal, a esa hora es que yo iba a la cafetería, buscaba mi almuerzo, y era muy divertido porque, obviamente, todo el mundo quiere saber qué comen las personas que trabajan en la tele, que dan su cara, que se muestran en pantalla, para que millones de personas las vean.

Cuando iba a la cafetería no solía pasar nada más por la parte verde, donde están los vegetales y las frutas, o sea, yo iba a donde mi corazón me indicaba y comía lo que mi estómago y mi mente planificaban. Si veía que había un taco o una arepa, y me provocaba, eso escogía. Entonces, en *#ElAlmuerzoConCaro,* que ahora tiene un nombre y una personalidad digital, la gente lo tiene como una referencia a la hora de comer cada tarde. Simplemente, en esas oportunidades en las que empecé a comer en cámara, solo estaba tratando de no comer acompañada por gente que, tal vez, lo que estaba buscando era que yo los pusiera en mis redes.

Ojo, no quiero hablar de toda la gente, tampoco me malinterpreten o piensen que yo supongo que toda la gente que me rodea me trata por mi Instagram, tampoco es que mi Instagram es lo más importante de mi vida. Pero después, decidí compartir con ustedes, y que alguien prendiera su teléfono en su hora libre, o en su tiempo de almuerzo para conversar conmigo, yo dije "guao, ¡qué chévere!". De esa manera, todo fue cogiendo una fuerza, sin embargo, yo pensaba "está bien la primera semana, pero ¿qué tiene de interesante ver a una persona haciendo algo que hacen todos?".

Y ya sé, ya lo descubrí. Por lo general, la gente que es figura pública suele mostrar momentos específicos en los que todo es glamour. Entonces, vuelvo y digo, si lo hubiese planificado, no me sale así. Todas las cosas que son normales en la vida de cualquier persona, las he mostrado y comer se convirtió en un *hit*. Y comer con gusto ¡qué bueno!, es lo que se supone haga una persona, que le guste lo que coma. Comer así mientras hablo comenzó a ser tan exitoso como *#ElTrasnochoConCaro* (eso viene más adelante) o, incluso, más exitoso que muchas de mis publicaciones.

Y así pasaron semanas y muchas semanas (ni sé cuántas llevo con el almuerzo) pero una persona que sabía sobre este tema me comentó: "ayer te estaba viendo comer y me tuve que ir a preparar lo mismo". De hecho, también me dijo que muchas veces me veía y le daba ganas de comer lo mismo por mi video, "a ver qué comió Carolina ayer; cómo se llama la papita que Carolina come; cómo es que se llama el agua que Carolina pone".

*O sea, le dio como más razón a lo que yo estaba haciendo y me mostró la etiqueta **#Mukbang**, que es exactamente ver a la gente comiendo frente a cámara, y hay gente súper famosa con este **hashtag**, que se para en los drive de los restaurantes de **fast food** y comen allí. En el mundo asiático hay muchísimos **influencers y bloguers,** que muestran comidas tan pintorescas y se las comen frente a cámara. Es bien interesante.*

Luego de que ella me comentara sobre esto, insistió: "utilízalo. De verdad, lo que tú haces es un *#Mukbang*". Eso es otro detalle. Hay veces que otra persona sabe cómo se llama lo que estás haciendo, porque yo lo estaba haciendo de manera orgánica, comer en cámara y ya, pero resulta que hay gente que trabaja para eso, otros que, incluso, pagan por verlo.

Entonces, yo sí los invito a que se dejen guiar, orientar, tener consultores, si es que quieren usar las redes como una herramienta de negocios y no solo por hobby u ocio. Les invito a que se dejen llevar, porque uno aprende mucho de las personas que saben. Si no me hubiesen contado del *#Mukbang*, yo no lo hubiese identificado.

Y bueno, obviamente, cuando no almuerzo en cámara es muy raro. Hasta yo me siento rara, ya no suelo almorzar de manera regular. Al almorzar sin la cámara, me parece que le estoy haciendo daño a alguien o que le está haciendo falta a alguien. El otro día, tuve una reunión aquí en casa, el día que celebré mi cumpleaños y, aunque no lo crean, yo soy tímida, yo sí soy reservada. Yo sé que estarán pensando "¡ella se volvió loca!", tienen razón, pero sí soy tímida, soy reservada. Y cuando abrimos la mesa de Acción de Gracias, porque fue el *Thanksgiving Day* y también cantamos mi cumpleaños, yo me puse en la esquina de la mesa, un poco apartada. Entonces, escucho a lo lejos que alguien dice: "miren, pero sí es verdad que Carolina come a veces sin la cámara prendida".

Fue muy interesante, porque siempre me preguntan "¿qué se siente comer sin la cámara prendida?". Y no fue solo una pregunta, obviamente, divertida, porque la gente supone que Carolina tiene la cámara prendida hasta para comerse una banana, sino también fue interesante para mí, pues analicé y me dije "¿quién necesita tener la cámara prendida cuando come, yo o las personas que me ven?".

En una oportunidad, para responderles esta pregunta, tuve la necesidad de decirle a una persona para ir a almorzar, subimos a una oficina y nos sentamos en un cubículo. Cuando las personas pasaban, gente de nuestra confianza, y no me veían con el teléfono prendido decían: "ah ¿es que no hay almuerzo hoy? Y yo les respondía: "sí, sí hay, pero sin cámara, Carolina también come sin cámara".

Tal vez, eso es lo importante de esta confesión que,

indiferentemente de que uno sí quiere hacer algo para alguien, eso no quita que hay cosas que las quiero o las necesito hacer iguales, pero fuera de la cámara. Sepan que la vida que yo les comparto en las redes es mi vida real.

Y sé que para muchos es una compañía, lo sé, lo sé. Porque la gente me lo dice, que me ven en hospitales, en casas cuando las señoras están limpiando y me identifico, porque yo limpié casas, y recuerdo que cuando yo estaba limpiando casas mi motivación era ver *Escándalo TV,* que era el programa de espectáculos donde yo quería trabajar. Ya más adelante, terminé trabajando para ese mismo canal y haciendo un show famoso llamado *La Tijera*.

Yo siempre lo dije en cada casa que limpié "yo quiero estar ahí. Yo voy a estar ahí". Ya yo era periodista y eso lo hice cuando mi hija Bárbara Camila estaba pequeña, por eso entiendo, más que nadie, que uno sí es compañía para las personas; es esa amiga, esa persona que le invita a seguir adelante. Uno se convierte en un motivador, en una persona de ayuda para la comunidad. Así yo lo recibo.

Es muy divertido ver lo básicas que son algunas personas. Una vez, yo estaba en McAllen y me monté en una carroza. A mí las alturas me dan miedo, el gentío, el sentirme atrapada me da claustrofobia, bueno, esas son otras confesiones aparte. Pero, mientras yo estaba en la carroza, yo me estaba agarrando con la mano izquierda de la baranda que pusieron para uno sostenerse, mientras veía a todo el montón, a miles, miles y miles de manos diciéndome 'hola'. Y yo lo estaba dejando grabado en mi celular para compartirlo más adelante. Yo les digo una cosa, de verdad, cuando me estoy grabando, yo no estoy pensando qué ángulo me conviene, que si la papada, etc. De hecho, cuando me doy cuenta, me estoy riendo de las personas que te dicen "de ese lado no podemos grabar, la cámara la tienes que poner en este ángulo". O sea, ¿tú crees que, en un momento donde mis emociones están a mil por hora, yo voy a estar pensando que si pongo la cámara debajo el cuello se me va a ver gordo; que si yo me pongo la cámara en el ojo izquierdo, se me va a ver la arruga del guiño del ojo? Yo me quedo sorprendida cómo la gente, por las redes, quiere perder la naturalidad, quiere perder el sentir, el momento ese en el que si te dieron ganas de llorar, lloraste, si te dieron ganas de darle un abrazo a alguien y se está grabando, pues tú lo haces natural. No es que le dices "ahora vamos a repetirlo", eso no queda igual y punto. ¿Vamos a repetir el momento en que todo es orgánico? Eso no existe. Hagan la prueba, graben algo que sea espontáneo, pongan a grabar una cámara y que pase algo espontáneo, que es normal, y traten de hacerlo otra vez. No queda nunca igual. Nunca en la vida.

Entonces, sean ustedes mismos. Yo no sé si lo he repetido ochocientas veces en este libro (creo que sí ja ja ja), pero el *#SeTú* se lo tienen que meter y tatuar en el alma, porque mientras más auténticos sean más conectarán, de verdad, con las personas en las redes, si lo que están buscando es llegarle a mucha gente. No hay que tratar de ser nadie más que ustedes, la persona más creativa, más innovadora, más interesante para ti, debes ser tú mismo, así mismo.

Y de verdad, les agradezco almorzar conmigo. Me

encanta que me den sugerencias de qué quieren que coma. Yo creo que he comido todos los platos, no puedo comer comida del mar, soy súper alérgica al *seafood,* y no como Nutella. De hecho, no como muchas cosas y no como tanto, lo que pasa es que cuando prendo la cámara, estoy comiendo y pareciera que estuviera comiendo todo el tiempo. Si por ejemplo, en un día publico *#ElDesayunoConCaro, #ElAlmuerzoConCaro, #LaMeriendaConCaro, #Cón[illegible]eElPostreConCaro* o *#LaCenaConCaro*, va a aparecer que como todo el día pero, en realidad, la gente tiene que comer tres veces al día, más las respectivas meriendas. Lo que pasa es que en mí se nota más; si lo hago yo es noticia, si lo hacen otras personas, es normal. Está bien, yo lo recibo, yo no puedo esperar menos con tantas publicaciones que hago y con tanta información que doy de mí.

Les invito a que luego de que lean este capítulo, se pongan a escribirme en uno de mis almuerzos en vivo y me digan qué quieren que coma, pongan *#ElAlmuerzoConCaro* y díganme: "Caro, quiero que almuerces...".

Los quiero mucho y ¡gracias!

#CosasQueSienteCaro

#CosasQueLePasanALaVenenosa

#ElAlmuerzoConCaro

#LaReinaDeLaFaja

#QueBellaMeVeo

#LasSandoval

#CosasQueSienteAmalitica

#LaMujerDeMiVida

#CaroYNick

#ElTrasnochoConCaro

#VísteteConCaro

#LaLuzBrillaSinEsfuerzo

#TeLoJuroPorMiFaja

#ElRitualDelSilencio

#LaReinaDeLasTías

#CeroComplejos

CAPÍTULO XII

@veneno
sandoval
2020
#ElTrasnochoConCaro

Sí, tal como lo están pensando *#ElTrasnoschoConCaro* también nació de un sentimiento a flor de piel. No me cansaré de repetirlo, nada es inventado. Particularmente, este trasnocho salió de esas muchas noches de insomnio, a propósito de que mi esposo ronca. Hoy día, ya lo hemos manejado por vía de tratamiento médico, estudio del sueño, una máquina para roncar y pare usted de contar. Yo no soy médico, pero les estoy contando de dónde sale el trasnocho.

En esas noches de insomnio pensaba "bueno, qué voy a hacer ahora, no puedo dormir". Yo soy una persona que tiene el sueño como muy ligero, tan ligero que si me despiertan, me cuesta mucho volver a dormir. Entonces, nada, un día prendí la cámara, y cuando lo hice, empezaron a salir pensamientos, frases, ideas. Y resulta que, al tocar el tema del porqué yo no estaba durmiendo esa noche, empezaron a salir ¡miles de personas que se identificaban con este tema! O sea, es impresionante lo que yo les puedo decir. Lo que yo he descubierto a través del trasnocho, lo que yo siento cuando hago el trasnocho. He llorado, he reído, he tocado temas. Casi todos tienen una base social, casi todos tienen que ver con cosas que a mí me interesa decir, que me gusta decir, que no me importa si van a ser criticadas, que no me importa si existirán personas que se rían o no.

Siempre recibo mensajes de personas que necesitan que yo hable de un tema para que la otra persona lo escuche y lo comprenda. Entonces, yo empecé a hablar de cosas que ustedes mismos sugirieron por las redes. Incluso, he hablado de temas tan importantes como lo que significa criar a un hijo en solitario, así como lo que es importante para una madre y para un padre dentro de la crianza.

En *#ElTrasnoschoConCaro* hemos confesado el problema de audición de mi hija Bárbara, que ella tiene que utilizar audífonos desde muy chiquita, a propósito de que yo estuve casi 42 semanas embarazada, y el líquido amniótico se quedó en uno de los canales auditivos, cosa que implicó que Barbarita tuviera una pérdida auditiva de un 40% en cada oído. Ella utiliza audífonos para escuchar el sonido final de las palabras, el susurro, que llaman. Y me gusta porque el trasnocho se ha convertido en ese espacio para hablar de temas importantes.

Tengo amigos que han hablado de ser gais y de que fueron sacados de sus familias, por haber admitido, públicamente, su orientación sexual y por haberlo dicho feliz de la vida. El día que mi amigo *@alexandersanchez*, el mago de la decoración, vino con su pareja Sebas y me comentó lo que había vivido en el transcurso de su adolescencia, eso me conmovió. Realmente fue importante para muchos niños, tanto que hicimos dos partes, porque yo creo que si uno tiene seguidores que se van a sentir identificados con un tema, y ese tema los va a ayudar, eso es muy significativo.

Por eso, para mí el trasnocho es un servicio social. Para mí el trasnocho es mi propia dinámica terapéutica para poder botar todo lo que, a veces, me es necesario sacar del sistema o, simplemente, compartirlo en voz alta. En el trasnocho, hablo todo lo que a mí me da la gana. Hablo de lo que yo quiero, no tengo censura y hasta ahora no tengo ningún comentario negativo de algún tema que yo haya tocado, todo lo contrario. A veces tengo sugerencias de personas del medio, que me dicen que debería hablar de tal tema de esta manera, es decir, me dan las directrices, me sugieren y yo tomo lo que más convenga o que sea relevante, dentro de lo que yo soy como persona, porque siempre me gusta mantener mi esencia. En este espacio, me han visto desmaquillarme, han visto a mis amigas, a mi familia. Han visto mis dinámicas de vida, al igual que todo.

El trasnocho sucede a las 10 de la noche. Empezó entre las 11 p.m. y 11:30 p.m. todos los días, además de que antes lo hacía de lunes a lunes. Cuando el trasnocho empezó a crecer (creo que ya estamos por cumplir un año), tuve que ponerme disciplina y tiempo para descansar, porque estaba dedicando mucho tiempo a la grabación. Y durante el tiempo que lo hice en vivo, lo hice tal cual, casi faltando 15 minutos para la hora, y era muy estresante saber que si no salía el trasnocho, muchas personas me iban a reclamar en la mañana, o sea, cuando digo la palabra 'reclamar', no porque tenga la obligación. Cuando haga algo por obligación, señores, ese día no querré seguir haciendo las cosas. Yo las hago porque las siento, porque me gusta expresarme, porque soy una comunicadora nata y comunico hasta con mi silencio.

Es increíble que estoy implementando🤐🤐🤐🤐🤐 *#ElRitualDelSilencio*, que lo he puesto varios viernes de mi programación, en *#ElTrasnoschoConCaro*. Cuando tú logras que una persona se siente frente a un televisor o a una pantalla del teléfono a verte, sin que tú digas alguna palabra ¡eso es demasiado! Por lo menos para mí, eso es algo que no alimenta mi ego, sino que alimenta mi deseo de seguir siendo una compañía para todas esas personas que si bien me ven por un mensaje que doy, también me ven porque quieren saber cómo yo me cuido; porque quieren saber qué hace Carolina cuando la cámara está apagada, y aunque la deje prendida, les juro por mi faja, que esas son las dinámicas de mi vida real.

Tal cual lo que ustedes ven en ese ritual, es lo que yo hago en mis días cotidianos. ¿Y quieren saber más? *#ElTrasnoschoConCaro* es también mi terapia para olvidarme de mi ansiedad. Así como las personas de alcohólicos anónimos o drogadictos admiten que tienen un problema, yo tengo un gran problema, sufro de ansiedad. Me dan ataques de pánico y cuando encuentro algo que me desactiva esa idea o esa sensación, porque es una sensación horrible, yo tengo como una gran herramienta, no para evadir, sino para curar mi ansiedad y es Dios. También encuentro muchos aliados allá afuera (del otro lado de la pantalla) que están esperando verme y curarse conmigo.

Una cosa que me gusta decirles, es que cada cosa que ustedes han visto y que he dicho, la hago sin intención de herir, de afectar o de molestar a nadie. No todo lo que hago le tiene que gustar a la gente, está bien que no le guste. Estamos en este mundo no para ser moneditas de oro, sino para entender que hay gente que se sentirá mejor y más contenta al ver cierto contenido. Por ejemplo, si te gusta que hable de comer pan con jamón, existirá gente que diga que estoy promoviendo la mala alimentación. Y está bien, no pasa nada. Siempre les he dicho que no tengo problema con que me critiquen o den su opinión sobre lo que hago. Yo tengo un problema es con la falta de respeto y con la manera en que se dicen las cosas hacia los *influencers*, hacia las personas que han utilizado las redes sociales para hacer humor, para llevar un mensaje social, que algunos confunden "ay no, este solo tiene la cuenta para divertir". No, no, no. No sean básicos, tenemos que ver más allá de lo que hay, tenemos que entender que detrás de la sátira hay un gran mensaje, que detrás del humor negro hay una persona necesitada de eso que tú estás allí colocando.

Obvio que también existen "las bendecidas y las afortunadas" que solo quieren colocar sus nalgas en un *post* y decir: "¡hola! Amanecí así porque la luz de Cristo bendito me quiere". Les digo, la gran mayoría de las personas que tienen Instagram, no solamente están allí para ver a las "bendecidas y afortunadas", ni para criticar, están allí ávidas de compañía; de eso que, tal vez, no escuchan de personas cercanas y les hace falta.

Yo les cuento todo esto porque, para mí, es necesario, muy necesario que tengamos claro cuál es el concepto de lo que yo manejo, de lo que yo hago y de lo que me hace vibrar. Si tienen algún tema que quieren que hable en *#ElTrasnoschoConCaro*, díganmelo y nos vemos por allá. 👉😉😘

#CosasQueSienteCaro

#CosasQueLePasanALaVenenosa

#ElAlmuerzoConCaro

#LaReinaDeLaFaja

#QueBellaMeVeo

#LasSandoval

#CosasQueSienteAmalitica

#LaMujerDeMiVida

#CaroYNick

#ElTrasnochoConCaro

#VísteteConCaro

#LaLuzBrillaSinEsfuerzo

#TeLoJuroPorMiFaja

#ElRitualDelSilencio

#LaReinaDeLasTías

#CeroComplejos

CAPÍTULO XIII

soy
Mujer
#Confesiones

Mis ataques de pánico

Este es un capítulo que no podía faltar aquí. Si no hablaba de esto era como omitir algo muy mío, muy personal. Todos los que han pasado por algo así, saben que es como estar metida en un túnel negro, oscuro o que está a punto de quedarse oscuro, y mi mayor miedo es que se apague la luz. No saben cuántas veces he sentido que se va a apagar la luz. Es algo que si no has vivido no entenderás a plenitud. De verdad, aún no logro saber qué lo genera, qué hace que me ponga en ese estado. Puede ser una linda mañana rumbo al mercado, sin estrés y, de la nada, allí explota el terrible pánico. Puedo estar feliz, puedo estar angustiada o puedo estar dormida y allí aparece mi enemigo silente. Y, aunque me queda claro que solo yo puedo ayudarme, es realmente imposible predecir cuándo y qué detonará mis ataques de ansiedad. Siempre he sido nerviosa, pero esto apareció, formalmente, cuando estaba a punto de descubrir que tenía cáncer de tiroides.

Mis manos tiemblan y se ponen frías, se agita mi respiración y me siento mareada con ganas de gritarle al carro que está a mi lado; siento ganas de llorar y de decirle que no puedo manejar y que si me puede manejar el auto. Es absurdo lo que siento, lo que mi cuerpo siente. ¿Cuándo se acaba el ataque? Pues cuando hablo con alguien de confianza o no, en realidad quien atienda el teléfono será mi agente de tranquilidad en ese instante... también cuando les digo lo que me está pasando a quienes llamo 'mis pastillitas'. Los saludo y, en medio de sus palabras, que para mí son como música, les digo "no me siento bien, acá estoy en lo mismo... mis ataques de pánico". 🙁

Vale la pena resaltar que, cuando me dan los ataques de pánico, es como si no fuera yo, o por lo menos la Carolina que todos conocen desaparece y, en ese instante que puede ocurrir en un avión o en una tienda, aparece una niña indefensa y frágil. Les podría contar las tantas veces que he parado en una sala de emergencia pensando que iba a morir, pero mejor no… es tan agotador porque el diagnóstico, en todas las ocasiones, revela que es producto del ataque de pánico y por eso me hiperventilaba. Recuerdo un concierto de *@MarcAnthony*, estaba sentada con unos amigos en la cuarta o sexta fila, en el American Airlines, y al voltear hacia atrás sentí que ese mar de gente se me venía encima. Fue una sensación de ahogo que mi amigo hizo que mermara con algo de azúcar y con sus palabras puntuales de protección pero, a la vez, de alguien que quiere que me cure de todo esto.

Como les comento, voy manejando rumbo al trabajo y he estado a punto de regresarme a la casa, tanto así que, en más de una ocasión, lo hice y pedí que me llevaran. Hace años, en un vuelo rumbo a Venezuela, le dije a un extraño que se hiciera cargo de mi hija porque me sentía mal. Me han pasado tantas cosas referente a estos episodios que no sé cuáles omitir o si acá caben todos.

Creo que lo más valioso de todo es que, mientras sigo viviendo con esto y buscando las causas, no paro de orar para que Dios me ayude en este camino. También, las situaciones personales me llevan a esos estados de ansiedad, solo que cuando los he vivido por alguna discusión con un ser querido, quisiera ver o sentir algo que me diga qué me pasa. Y, aunque no lo crean, he leído tanto sobre este tema que, como dice una amiga, a veces es hasta peor tanta información. He llegado a pensar en hacerme una hipnosis, he llegado a no querer salir... tantas cosas. Mi sugerencia para todos aquellos que viven esto es que conversen, no se callen y siempre atentos, con todos los sentidos abiertos. Hoy día, tengo otra terapista y sé que con la ayuda de Dios podré canalizar esto que, químicamente, aflora en mí... un día sin pánico es un triunfo para mí.

Terapia by @dramachado

Qué hacer si se aproxima un ataque de pánico.
Alrededor de 260 millones de personas sufren esta enfermedad, sin embargo, la población sigue estando desinformada al respecto.
Lo primero que debes saber acerca de esto es que, aunque creas que vas a morir, **no morirás.**

El ataque de pánico es un proceso físico que alcanza un punto máximo y luego se disipa. Es una falla de la mente que cree estar bajo una amenaza que, en realidad, no existe. Lo mejor que puedes hacer es hacer nada, hasta que desaparezcan los síntomas; es como una ola que alcanza su altura máxima y luego desaparece.

Sin embargo, estos pequeños consejos pueden ayudarte:

1. *Reconoce que estás teniendo un ataque*
2. *Si estás en un lugar público, muévete a un espacio más apacible*
3. *Regresa al presente, observando algún objeto frente a ti que distraiga los pensamientos trágicos*
4. *Haz respiraciones adecuadas desde el abdomen, llenando tus pulmones y luego vaciándolos*
5. *Recuerda que tienen un tiempo de duración. Usualmente, terminan en 10 minutos. Mira el reloj y toma el tiempo de tu crisis*
6. *Si estás conduciendo, detén el carro a la orilla de la carretera y bájate para respirar aire fresco*
7. *Si estás en un lugar para ejercitarte, no te detengas. Aun con los síntomas cardiacos, que produce esta enfermedad, está demostrado científicamente que el esfuerzo físico te obliga a respirar profundo en vez de hiperventilar*
8. *Ten esta lista cerca de ti siempre, para poder leer cuando anticipes una crisis y lleva un registro episódico de cada una, para ir comparando duración y síntomas*

CAPÍTULO XIV

#AQuiénesSigueLaVenenosa

Este capítulo es, tal vez, uno de los más complicados, porque dejar de mencionar a alguno y mencionar a los que ahora tengo más presentes va a generar conflicto, estoy segura. Es como cuando alguien se gana un premio y no termina de hablar porque se está acordando de la señora que lo vio y le abrió la puerta una vez; del lugar donde hizo su primer casting para esa película, o se está acordando del señor que vivía en el edificio y que lo motivó. Eso lo entiendo y lo quiero dejar claro antes de empezar a mencionar a personas que son clave para mí. Todo lo que está en mis redes sociales implica algo necesario, motivacional para mí, y es así aunque no estés dentro de estas menciones. 🌟

Cuando despierto y veo algunas cuentas que acabo de empezar a seguir, que son mis fanáticos, digo “guau, ¡qué persona tan interesante!”, y tal vez no tengan tanta exposición, pero son muy cautivadoras. Incluso les voy a confesar algo: cuando veo un mensaje negativo y lo abro, reviso quién es esa persona, porque algunas personas sí son reales; otras son cuentas creadas solamente para generar molestias. Vuelvo y digo “guau, ¿cómo es posible que esta persona que tiene tal cuenta con estos mensajes tan lindos sea capaz de escribir cosas tan feas?”... para que vean hasta dónde puede llegar mi curiosidad y la importancia que tiene cada uno de ustedes en mi vida digital. Ustedes se han convertido incluso en guías de mis acciones en la vida real.

Ok. Empecemos. 🙌

No quiero que vayan a suponer que por ser el primer nombre que voy a mencionar es el que más me gusta. Los que voy a mencionar ahora han sido parte importante de mi crecimiento en redes, por su labor, bien sea social o de humor. Yo creo que todos tienen como punto de partida la ayuda social, porque alguien que te hacer reír y te alivia la carga emocional, o alguien que hace una campaña solicitando ayuda para otro que necesite una donación, es alguien con una preocupación social. 💕💕💕

En fin, quiero empezar mencionando a una niña que se ganó mi corazón por su sencillez y por su manera de manejar la fama. Es la *influencer* más importante de Colombia; una chica que ha tenido que pasar "las de Caín" por ser joven, por ser famosa y por haber hecho tanto en tan poco tiempo. Lo digo porque hay gente que ha pasado toda su vida tratando de lograr lo que esta chica logró y ha ganado a pulso. Nunca en mi vida he conversado con ella en persona más de una hora. De hecho, cuando la conocí en una alfombra, en los *Billboard*, si mal no recuerdo, estaban pasando cerca de mí Anuel (*@anuel*), JBalvin (*@jbalvin*) y yo no sé cuántos artistas más de esos comerciales que uno también sigue, pero cuando la vi me tuve que regresar. Me dije: "¡Ay, Dios mío¡ ¡Mírala ahí! ¡Tengo que decirle lo bella que es, lo mucho que la admiro!". Porque así soy yo, no me puedo contener. Yo a quien quiero y a quien admiro se lo tengo que decir.

Esa persona es *@luisafernandaw,* así como 👀 leen. Luisa Fernanda: me encanta cómo has manejado tus redes porque eres una niña que ha tenido un crecimiento desde el primer día. Recuerdo que mi amigo, Raúl García, me dijo un día: "Tienes que ver a esta muchacha. ¡Es tan divertida como tú! Tiene ese humor negro, pero divertida, chistosa, es así genuina, orgánica". O sea, fueron palabras clave que, viniendo de mi amigo Raúl, era normal que me cautivaran. Entonces dije: "Tengo que seguir a esa niña, tengo que seguirla". Empecé a seguirla y a ver sus maneras. Lo primero es que Luisa Fernanda ha tenido un crecimiento grandioso como *influencer*. Hoy día recibe premios, la invitan a conferencias, hace sus propias canciones, e incluso ayuda a otros *influencers* a motivarse y a utilizar este mundo digital como instrumento de crecimiento. Creo que es toda una profesional, y si bien no es de las que se planifica, ella hace sus tutoriales de maquillaje, cosa que hace maravilloso. Estoy segura de que todo lo que ella hace es orgánico, porque creo que la gente exitosa tiene esa característica. Así como estoy segura de que todo cuanto ella publica es porque quiere y no porque "tiene que". Es lo que le digo a la gente que me pregunta cuál es la clave del éxito, no hay ninguna clave del éxito, simplemente no pienses en el resultado cuando estás haciendo algo.

He visto lo que ha pasado luego de que Fabio Legarda, quien fue su novio, fuera víctima de un intercambio de balas y muriera en un escenario realmente dantesco. Vi cómo fue atacada en las redes sociales, pero vi también la compasión de mucha gente que la ama genuinamente. Ella es el ejemplo de lo que todos vivimos. Si al morir Legarda, Luisa Fernanda se hubiera encerrado en un cuarto y más nunca hubiese abierto su puerta, muchos de los que le hicieron daño con sus mensajes habrían estado en lo correcto. Para mí, reinventarse luego de un dolor tan grande y salir adelante, ser ejemplo y dejar un legado de amor para una persona que fue muy importante para ella, es mágico. Creo que me convertí en su triple fan el día que publicó ese mensaje dándole no un "adiós", sino un "hasta luego" a quien fuera su novio, con quien tenía una relación súper bonita. Me dije: "Guau, ¡qué niña tan fuerte, ser tan joven y tan valiente! Esto es impresionante". Pero bueno, a Luisa Fernanda tenía que mencionarla.

Otra persona que es una súper mujer, un ejemplo a seguir, que quiero agregar a mi lista de esos *influencers* que han hecho la diferencia es *@killadamente*. Ella es una chica de origen dominicano que vive en New York, y con un humor estupendo le dice al mundo que la belleza no es únicamente lo que toda la vida nos han dicho que es. Ella es maravillosa. Se ha encargado de presumir sus pizzas, sus curvas y sus maravillosas formas de invitar a las muchachas a quererse, apreciarse y a saber que también pueden bailar *Dura*, la canción de *@daddyyankee*, de manera sensual y sin necesidad de tener una cintura de 90-60-90, o unas caderas que no mienten. Les voy a decir una cosa, ella tiene tanta personalidad y tanta belleza interior que he podido apreciar su gran evolución. Es preciosa. No la conozco en persona todavía, porque hasta ahora solamente hemos tenido encuentros digitales, y no puedo dejar de señalar su nobleza, su humildad. El día que le dije: "Te voy a enviar mis productos porque quiero saber tu opinión", yo no estaba pidiendo un post, ni una mención. Si es algo espontáneo y de *influencer* a *influencer* siempre hay respeto, siempre existe esa manera de agradecernos a través de nuestras redes. Así que le mandé mis fajas, le mandé varias cositas, y recibí mensajes de mis seguidores y de mi gente cercana: "Guau *@killadamente* reportó tus fajas! ¡Qué bella! ¡Te mencionó!". O sea, yo no daba crédito porque estamos hablando de que tiene millones de seguidores, más de 7 millones de corazones que, a través de ella, de su humildad y su bondad, tal vez conocieron algo de lo que yo hago, diferente a lo que ven en televisión. No todo el que te ve en televisión tiene que saber lo que haces en las redes, o a lo que te dedicas, y creo que su exposición de mi trabajo en sus redes fue, sinceramente, el acto de humildad más lindo que yo he visto.

Vamos con la tercera persona que necesito mencionar: *@soymotivador*. A Andrés González lo conocí aquí en Miami. Nos vimos luego de estar compartiendo mensajes por Instagram, ya hace varios años. Le dije: "Acompáñame a buscar unas entradas de Ricardo Arjona", porque soy súper desubicada en cuanto a direcciones y me pierdo hasta con GPS. Una vez, él fue a ver el estudio de mi antiguo programa y el primer día me acompañó a mis vueltas. Vio mi dinámica y mi intensidad. Me encanta cómo maneja sus redes. Me encanta cuánto impulsa a la gente a seguir adelante porque creo que ser un gran *influencer* no se trata solamente de tener millones de seguidores. Se trata de hacer la diferencia cada mañana, en cada post, eso es lo que genera que yo, particularmente, me sienta atraída a sus redes. He publicado muchos de sus mensajes como míos, compartiéndolos, dándole a la gente herramientas para avanzar. Gracias *@soymotivador*, hermoso, maracucho, valiente, directo, caritativo, filántropo, así lo defino yo. 👏👏👏

Los estoy mencionando con sus cuentas porque es muy importante que quede registrado en este material, impreso o digital, lo que ellos significan para mí en las redes sociales. Y muchos han trascendido más allá, pues con Andrés he tenido el chance de compartir más que un post y más que un like en Instagram.

Sigamos con nuestra lista. Ahora vamos con *@tuereselexito*. Diannelys Ortiz entró en mi corazón fácilmente, con sus colores, con su manera de expresarse, con su genuina forma de mostrarme afecto. Es de esas personas a las que da gusto seguir, así como tenerla en el círculo de la gente que yo trato. Ella sufrió un episodio terrible de odio y abuso hacia su hija, en un colegio en Miami. El episodio fue muy público. Por todos los canales de televisión, en español y en inglés, se difundió cómo su hija fue maltratada por otra chica, de una manera súper violenta. Entonces, Diannelys se convirtió en la voz de las mamás, de chicas y de padres, que tal vez no tienen la exposición que ella tiene. Además, sin tener millones de seguidores ha hecho más que muchos *influencers* que sí los tienen. En las redes está como *@tuereselexito* y ha cautivado a toda mi familia. El día que la invité al *#TrasnochoConCaro* fueron muchas las emociones, porque Diannelys tiene esa magia para hacerte reír y llorar. Yo sé que muchos de ustedes ya la conocen, pero si no la conocen, tienen que seguirla. Es autora de dos libros. Tiene una herramienta maravillosa que es su carisma para transmitir amor y sus anécdotas. Creo que personas como ella hacen mucha falta en las redes sociales, porque hace posible que la gente vea que esto del *social media* no se trata solo de exhibirse y de mostrarse. Ella, con sus maneras de vestir —que mucha gente llama disfraces— ha demostrado ser única y diferente. Ojo, todos somos únicos, pero unos lo descubrimos más temprano que otros y cuando entendemos ese pequeño toque que Dios nos dio para hacernos diferentes y lo utilizamos para ser mejor y hacer el bien, es cuando nos sentimos más libres y menos presos de una sociedad que te exige estereotipos de los que ella, perfectamente, se ha liberado. ✨✨✨

Gracias Diannelys, por tener esta cuenta tan bella. ¡Tú eres el éxito! Esta afirmación es lo que eres y lo que le transmites a tus seguidores y a toda la gente que te va a empezar a conocer. ❤️❤️❤️

Hay una persona que no tuve la oportunidad de conocer en mi país, aunque somos venezolanos. Yo no sabía de lo que era capaz; lo admiro y respeto porque es una de las personas más inteligentes en esta industria. Ha demostrado que el miedo no es de Dios, y que el ser *influencer* es un trabajo tan serio como ser un corredor de bolsa, ingeniero o doctor. Estoy hablando de Marco Pérez, indudablemente, mejor conocido como *@marko* o *@markomusica*, quien con sus diferentes cuentas o plataformas no solamente ha ganado premios y ha recorrido el mundo con su *stand up comedy*, sino que ha hecho eso que yo llamo: la milla extra. Marco ha demostrado que ser popular y famoso no es tan importante como ser bueno. Con cada evento en el que solicita a sus millones de seguidores una ayuda para una persona que lo necesita, evidencia que somos más los solidarios que los egoístas, que somos más los buenos que los que, únicamente, presumimos a nuestros seguidores. Y no quiero incluirme, de verdad, estoy hablando en plural porque mucha gente piensa que uno presume sus seguidores cuando los menciona a diario. Lo que pasa es que hay que darle fuerza e importancia porque sí la tienen. Sin ese montón de seguidores no podríamos llegar a donde llegamos, ni lograr lo que logramos.

El alcance que tiene Marco es una cosa sin límites, su humor y su manera de llegar son increíbles. Lo he visto con artistas, lo he visto con *@chayanne*, con *@farrukoofficial* y me quedo corta si hago una lista de todas personas para las cuales él es importante y ha marcado la diferencia. Lo veo haciendo comerciales y publicidad de una manera única, y qué manera sutil de hacer promoción sin que te des cuenta, porque su contenido nunca es afectado por un cliente, todo lo contrario; él traslada el cliente a su plataforma y eso es lo que yo creo más importante, aquello de llevar al cliente a tu estilo de vida. Él lo logra. Definitivamente, Marco hace la diferencia. 🙌🙌🙌

No puedo dejar de mencionar a la influencer, bloguera de moda y encantadora por demás: *@camilacoelho*. Para mí, Camila Coelho es una de las grandes representantes, ante todo, de su historia. Por ahí las personas que la siguen, como yo, se han dado a la tarea de conocerla un poquito más allá de las redes. Tengo entendido que era una chica a la que siempre le gustó la moda, que alguna vez trabajó en una tienda de ropa por departamento y ahora es una *influencer* a la que marcas reconocidas, en diferentes partes del mundo como Dior y Chanel, invitan a sus desfiles, pero qué sé yo. En su cuenta, es verdad, se ve mucho glamour y lugares fabulosos, pero tengo que decir que, más allá de sus millones de seguidores (más de ocho millones de corazones latiendo por su contenido), ya tiene una colección de ropa con colaboración de otras marcas, además de labiales que ha sacado. Su carrera digital ha ido más allá. Es de las que te pone un corazón cuando tú la etiquetas. Es increíble lo sencilla que es, y eso, creo, es lo común en las personas que, para mí, se convierten en mucho más.

Tengo una anécdota maravillosa con Camila. Yo no tengo el gusto de conocerla en persona, aunque ella ha venido a desfiles importantes, porque es un asunto que, me imagino, ella suele hacer aquí en Miami. Una vez, mi gran amigo maquillador y maravilloso en cabello también, *@giogio03,* me contó que había ido a maquillar a Camila para uno de sus eventos. Yo no le daba crédito, y le decía: "Gio, ¡tú no me puedes estar diciendo esto! ¡Con las ganas que yo tengo de conocer a Camila Coelho!". 😱😱 Era una cosa impresionante pensar que un amigo había estado cerca de una de las personas digitales que más inspiración me genera por su modelo empresarial y por su manera de llevar las redes. Me encanta, me encanta lo que ella hace. Los invito a su cuenta para que estén informados del mundo de la moda y vean cómo se trabaja en las redes sociales con éxito, de una manera orgánica y de una forma disciplinada.

Otra persona que tengo que mencionar, dentro de la gente que sigo y que me encanta, es la bailarina Petra Loreggian. Es impresionante que aún no llegue al millón de seguidores porque preciosa. Me gusta ver cómo la gente lleva su vida normal y corriente.

Por aquí les dejo el nombre de la cuenta, que tiene un apellido para nosotros un poco difícil de pronunciar: *@petraloreggian*. 🎵🎵🎵

Por ahí siempre me voy paseando por su historia. Su vida es como un *reality show* en redes, ahora tiene un bebé con su esposo que también es bailarín. A mí lo que me atrapa de las cuentas es la vida de las personas. Particularmente, esta persona tal vez ni sabe que existo, y eso no me importa. Yo, cuando sigo a alguien, simplemente lo sigo y ya.

En mi lista también está un artista que, al escuchar sus temas, me transporta a Venezuela y a mi vida universitaria, que es Franco de Vita. Su cuenta *@francodevita* es un concierto al amor, un concierto eterno, es música. Es la dedicación entera a lo que él ama. A Franco de Vita sí tengo el gusto de conocerlo, le he visto en conciertos y en los lugares donde he trabajado. Yo no sé si alguna vez les he expresado el amor eterno y el grandísimo respeto que le tengo. Creo que es una de las personas de mi vida, a quien sigo con tanto cariño porque forma parte de mis recuerdos y de mi memoria. 💕💕💕

Alguien que también me gusta mucho seguir, porque es un ser que ha pasado por mucho en su vida desde que estaba pequeño, y como figura pública siempre ha llevado su mensaje de tolerancia y diversidad es, por supuesto, *@ricky_martin*. No dejo de hablar de él en Instagram, de su sensualidad, de su familia; del Ricky Martin como un símbolo de amor, como esa persona que rompió los estereotipos. Vendió todos los discos del mundo, sigue haciéndolo y es referencia para los nuevos artistas y para la gente que vive en un clóset (en la mentira). Yo leí cuando Ricky Martin nos confesó, en aquel libro, su orientación sexual. Aunque a mí nunca me hizo falta saber si le gustaba el pollo o la carne, el verde o el azul para amarlo. Creo que es una de las personas más bondadosas del universo y que lo ha demostrado con sus acciones. Hoy día, es padre de cuatro: Matteo, Valentino, Lucía y Renn. 👨‍❤️‍👨Amo cómo lleva su vida pública. Amo la forma en la que él, con una foto, con una sonrisa, con un mensaje escrito o en vivo —porque él se traslada a los lugares— puede lograr tanto, y eso lo veo como el mayor tesoro que le puede regalar a sus seguidores. Es un ejemplo para que la gente viva, en verdad, con criterios amplios y mente abierta. Por eso lo sigo.

Otras personas, más bien una familia entera que, en general, me parece importante dentro de las redes sociales son las Kardashian. Sigo a todas, pero *@kyliejenner @kimkardashian* y *@khloekardashian* son un buen ejemplo dentro de lo que es la gestión de una empresa basada en las redes. Tienen que seguirlas, definitivamente. Hoy en día, con el *engagement* que tienen, son un impresionante modelo de negocio a seguir, porque todo el mundo las critica, pero todo el mundo las ve. Todos dicen que son bobas y yo no les veo ni un pelo de bobas a ninguna. Todo el mundo habla de ellas alrededor del mundo, o sea, más de 173 millones de seguidores entre toda la familia Kardashian Jenner, ¡Dios! Algo bueno hacen, ¿no? 💄🖌 👠

Creo que es importante que cada persona se quite la careta, el antifaz o la máscara, y se den cuenta de que actualmente el mundo digital es lo que mueve. Aunque ellas están en un *reality*, venden sus productos es por *social media*. El día que anuncian el lanzamiento de un producto, creo que a los diez minutos se agota, y soy testigo de eso.

También disfruto el humor de *@nandodelagente.* No lo conozco en persona, por lo menos hasta este momento no he tenido el gusto, pero alguna vez sí le escribí contándole que me gusta mucho su sentido del humor. Hay gente chévere que te responde, gente *cool*, gente que anda haciendo cosas divertidas en sus cuentas. Es de los *influencers* que viaja alrededor del mundo y hace colaboraciones con otras personas en Instagram. Es muy interesante ver cómo trabajan ellos el humor —me refiero a los comediantes—, a través de las redes sociales, porque cada persona tiene su magia, su toque, su sazón. Siempre hablo de sazonar lo que hacen las otras personas y, definitivamente, *@nandodelagente* lo hace. 🤣🤣🤣

¿A quién más les puedo mencionar?

Otra cuenta que disfruto es la de *@jessicasimpson*. Ella fue una de las pioneras en eso de tener marcas con su nombre y en utilizar su imagen pública. De vez en cuando, me doy un paseíto por su cuenta. Creo que la seguía más en persona, como digo yo, porque siempre que llegaba a una tienda por departamento veía sus productos. Siempre quería utilizar sus zapatos y fíjense cómo es la vida, no me van a creer esto, y está bien si no me lo creen, su equipo de trabajo me ha llegado a mandar brochas de maquillaje. Y esto para mí es un gran honor; que nombres de esa categoría me busquen por acá, por el Instagram, y que a través de mi conexión con el mundo hispano, yo pueda decirles a todos que me encanta la brocha de Jessica Simpson. Pero ojo, estamos hablando de *@jessicasimpson*, alguien que yo veo desde que estaba más jovencita, entonces, esos detalles son como pequeños premios para mí. ¿Quién iba a decir que la gente de un equipo tan importante me localizaría? Y no porque yo me sienta menos. Ahora, sí sé que tengo una voz, una referencia importante dentro de todas las cosas que yo les muestro de mi vida, maquillaje, ropa, productos de cabello, restaurantes. Para mí fue algo muy bonito que me contactaran, que recurrieran a mí para promocionar algo de ella, porque esto es para mí como un "guau, Carolina, sigue adelante que lo estás haciendo por el camino correcto". 👏👏

Hay otro nombre que sé que les va a parecer una cosa loca, yo misma les digo también que me enloquecí. Les cuento, un día abro mi email y ¿qué creen? Pues lean bien, no les voy a mentir, no puedo mentir, todo esto ha sido muy público y lo pueden encontrar en mis redes sociales. ¿Pueden creer que para el tour que hizo *@janetjackson*, su equipo me ubicó para decirme que me tenían entradas para su concierto en el American Airlines Arena? Que me iban a mandar un material de ella, algunas franelas para que promocionara el concierto.🎙😁😁😁

Les estoy hablando de Janet Jackson, pero no me lo creo, no la conozco en persona. La vi cantando ese día. Primera vez en mi vida que iba a un concierto de ella y estaba en el área VIP. Como les digo, cuando uno utiliza las redes sociales de manera disciplinada y la gente ve que eres súper responsable con tu contenido —olvídate del área, ya sea humor o mensaje social— te involucras con muchas cosas. Para mí fue un tremendo honor que la hermana del rey del pop, Michael Jackson, y su equipo de trabajo me haya localizado para hacer un post y promocionar su tour en los Estados Unidos. De verdad, perdónenme por parecer una fanática desmedida, pero es que todo esto a veces me impresiona.

Me impresiona que una muchacha de Caracas, criada en Charallave, haya tenido ese alcance. Desde ese momento he estado más atenta a la cuenta de Janet Jackson. Por supuesto, es imposible no recordar todas sus cosas. ¿Se acuerdan de aquel *Super Bowl* famoso cuando cantando con *@JustinTimberlake*, ella mostró su pezón en televisión? 😱😱😱

Hace minutos, mientras estoy contando y haciendo como un inventario en mi cabeza de cuáles son las cuentas de Instagram que son una referencia para mí, me encuentro con un mensaje de Ricardo Montaner (*@montaner*), dándole el adiós a un pequeño llamado Bruno, que ahora vive al ladito de San Pedro y con Dios de la mano.

Es lo que les digo, el Instagram para mí, de acuerdo a lo que yo he ido viendo, se convirtió en una referencia de personas que son lo que su cuenta refleja. Una de las mejores épocas para la música en mi país fue la de los 80 y Ricardo Montaner forma parte del *soundtrack* de mi vida. *Ojos Negros* es para mí la gloria y *La gloria de Dios es mi calma*. Si yo me detuviese a explicarles con detalles lo que significan las canciones de Montaner para mí, creo que se llenaría de lágrimas este libro. Ay, es que si Ricardo Montaner supiera el bien que me hace, si supiera que es mi *life coaching*, o uno de ellos. Creo que si lo veo en persona me daría pena contarle, tal vez lo pensaría y me vería como una fanática, no como a una periodista que se lo está diciendo por halagarlo, aunque él es un hombre de Dios. No sé si tendría la valentía de decirle: "Me has sacado de momentos de pánico", porque una de las herramientas que tengo para salir de esos estados es una carpeta de música llamada "Sonríe", en la que *La Gloria de Dios* es la canción principal, que siempre que la escucho digo: "Ya la calma viene, ya todo va a pasar". Bueno, no podía dejar de mencionar la cuenta de *@montaner* en mi recorrido. 💕💕💕💕

Hablando de ataques de pánico y toda esta historia en mi vida, tengo que mencionarles que la Dra. Aisquel Machado también ha robado mi corazón y mi interés con su cuenta de Instagram. Ella, tal vez sin poseer una plataforma grandísima, está salvando y ayudando a tanta gente. En esta cuenta de Instagram, ella hace la diferencia día a día, encarnando lo que es ser una doctora con amor, con pasión por lo que hace y con ética. Si tú, que estás leyendo esto ahora mismo, te encuentras en una situación de la que crees no vas a poder salir y no tienes una herramienta a la mano o dinero para pagar un doctor, te invito a ver cada publicación, cada historia, cada post de la *@dramachad*o. 👏👏👏👏👏👏

La persona que voy a mencionar ahora tiene una cuenta de Instagram maravillosa y una movida digital estupenda, además le ha anunciado al mundo que no hace falta tener millones de seguidores para llegar tan lejos. Cuando veo a esta persona al lado de Lady Gaga, en eventos alrededor del mundo, léase bien, ¡alrededor del mundo!, —quiero que se haga énfasis en esta parte— digo “guau, ¡qué espectacular!”. Ella es Anabelle Blum. Yo la llamo de cariño mi Blum Blum. Anabelle es una presentadora y una periodista súper famosa en mi país. Aquí en los Estados Unidos empezó en la tele en un programa que compartimos, *La Tijera*. Recuerdo que nuestro primer intercambio de palabras fue exactamente esto que les digo, que yo ya la admiraba antes de que ella me conociera. Para mí ella es una referencia de vida, porque Anabelle estuvo en momentos de mi vida en que otras personas tal vez no. Si hay una persona que es mi amiga es esa gran *influencer*, presentadora y conductora de televisión. Síganla por *@anabelleblum* que se van a dar banquete con los lugares que visita, las historias y las anécdotas que cuenta y con todo lo que educa a la gente, por ejemplo, con su práctica religiosa. Ella es judía, y cada vez que tiene oportunidad nos cuenta de sus eventos familiares como el *Hanukkah*, el *Bishvat* o *Pésaj*. Todos los eventos de su religión son un espectáculo y poder vivirlos a través de sus redes es maravilloso. Es interesante ver cómo ella ha manejado su religión, su vida, su nuevo matrimonio y la inclusión de los hijos de su esposo en su vida. Mi amiga es una mujer que se reinventa cada día en las redes sociales y que le da *like* a las personas que la siguen. Es bonito poder ver cómo su esposo, que es arquitecto, también ha involucrado su oficio en lo que Anabelle hace. Me gusta, me gustan eso temas familiares en las redes sociales. Eso es lo que yo sigo.💜💜💜💜

Con su coaching para el alma, *@elnorbracho* se ha convertido en ese estratega holístico para negocios y proyectos que todos quieren tener como consultor. En redes, y fuera de ellas, podría asegurar que es el más buscado por muchas de las personas exitosas que conozco. Con su carisma y ese don para impactar vidas, Elnor se ha convertido en esa cuenta de Instagram que yo no puedo dejar de revisar porque siempre dice lo que uno necesita, no sé cómo lo logra, pero así es. Cada frase, su forma de decir las cosas, marcan la diferencia y generan una acción. De hecho, gracias a muchas amistades en común, certifico que lo que Elnor hace tiene un fin muy especial, y por esto y más vale la pena seguirlo. Sus publicaciones son de esas que te pueden cambiar una mañana entera. Es de esas personas coherentes, créanme que en mi paso por muchas cuentas de Instagram veo gente que es toda una estafa, emocionalmente hablando, y Elnor practica lo que dice en Instagram, cosa que en esta época no muchos hacen😂, pues son puro post y nada de realidad. Este coach de vida venezolano le da ese toque de seriedad a lo que muchos han querido hacer solo por moda y él por convicción.

Voy a cerrar este recorrido por las cuentas que sigo con una brasileña que ha robado mi alma, mi corazón y que me encantó su historia. A ella la conocí, obviamente, por las redes sociales, pero más de cerca a través de un amigo maquillador que se llama Agustín, al que pueden seguir en Instagram como *@agustinofficial*. Un día, Agustín me maquilló y, por supuesto, en la historia que compartí puse: "Guau, ¡me está maquillando el maquillador de *@bellafalconi*! O sea, entiendan algo, ¡Bella Falconi! ¿Ustedes han visto cuántos millones de seguidores tiene esa mujer?".😱😱😱Primero, tiene una familia hermosa. Segundo, tiene información para las personas que quieren tener el cuerpo como ella, y es una referencia, por lo menos para mí, en belleza, estilo de vida y maternidad. El día que ella hizo un repost de una historia que yo coloqué, pensé: "¡No! O sea, no, ¡esto no me puede estar pasando a mí!". Porque, como les digo, a veces uno ve a la gente inalcanzable y resulta que no, que son súper cercanos, porque son personas reales en sus cuentas de Instagram. Solamente encienden la cámara en sus vidas.

Estoy segura de que muchos de ustedes van a decir: "¡Ay Carolina no me mencionó! ¡Carolina no me nombró!". Y me van disculpar, pero es que hubiese tenido que hacer un libro entero de este capítulo que, por lo que ven, es uno de mis favoritos. Les prometo que si se me ha olvidado alguien, va a ser mencionado luego en mis redes.

Bueno, los quiero mucho. Me encanta que se hayan dedicado a leer este montón de anécdotas de una persona que no se siente experta en nada, pero que con ellas cree que puede ayudar a empoderar —palabra muy de moda— y hacerles crecer en sus redes sociales. Como dije antes, aunque no te mencioné, sí estaba pensado en ti. Te lo prometo.

Los quiero un montón. Besitos. 😘😘😘😘

CAPÍTULO XV

¡DIME QUÉ POSTEAS
Y TE DIRÉ QUIÉN ERES!
Carolina Sandoval
venenosandoval
¡NUEVA EDICIÓN!
57,223 likes
venenosandoval #CosasQueSienteCaro
View all 1,985 comments

¡DIME QUÉ POSTEAS
Y TE DIRÉ QUIÉN ERES!
Carolina Sandoval
venenosandoval
¡NUEVA EDICIÓN!
57,223 likes
venenosandoval #CosasQueSienteCaro
#EllosMeLeyeron

Reseñas de Amazon Costumers

★★★★★

"Espectacular. 🤩 Estuve esperando por varios años que Carolina sacara su libro, y realmente valió la pena la espera. Una influencer con gran corazón empresarial y humano".

"This book is very interesting to read, no regrets in buying it... 👏👏👏 Carolina Saldoval great book.. ready for the next book!".

"Ella es GENUINA, ÚNICA Y AUTÉNTICA. El próximo libro debería llamarse Sin pelos en la lengua".

"Espectacular, me encanta que haya sacado su libro. Me fascina ver a Caro, es una mujer muy emprendedora con mucho carisma. No importa que la critiquen por su sinceridad y transparencia. Te queremos. Muchas felicidades y muchísimas bendiciones".

"Excelente libro. Algo refrescante y hecho con mucho esfuerzo. Si a alguien no le gusta este libro es porque no sabe leer muy bien! I'm sorry, pero es la verdad.

Mi papá siempre dijo 'la envidia mata'. Eso va para las llamadas Lombrices Digitales. Caro, mi familia y yo te amamos y nos identificamos contigo y tu familia! Gracias por tu tiempo y por este libro que es otra ventanita para conocer más de ti!".

"Me encanta ver a nuestra gente latina triunfar, me fascina el autoestima y la energía de Caro! Buena suerte".

"Great book!! Lots of laughs! Very inspirational!! Lots of silliness!! Lots of truths!! Lots of love from me to you, Venenosa!! You keep growing and blowing. And ignore the haters!".

"Me encanta tu libro para toda esa gente que solo publica puras #%^@^@ y las lombrices digitales. Morí de la risa te amo ♥ eres tú y no te importa lo que la gente diga".

Otros lectores cercanos

"Cuando empecé a leer tu libro, comencé a escuchar tu voz, era como una conversación contigo... y fui descubriendo cada una de las inquietudes que has tenido en los meses más recientes, o quizás años, con respecto a las redes sociales. Lograste hacer una apreciación bastante directa y hasta pudiste leer, entre líneas, cada uno de los comentarios y necesidades de tu audiencia, adquiriendo un aprendizaje de estrategias en estas plataformas. Además comprendiste cómo usar tu voz al enviar un mensaje para llegar a tantas personas que te siguen en la industria digital, más allá de una foto y/o video.

Al leer cada una de las páginas de tu libro sister, reitero que fue un recorrido junto a ti. Lo defino como estar un domingo en la mañana compartiendo una conversación sobre tus experiencias y anécdotas de vida, contando una historia muy refrescante e interesante de tu faceta digital.

Sin mencionar las fibras del cuerpo que se mueven al leer tus escritos de la familia y cada uno de nosotros. Siempre te lo he dicho, escribir se te da muy bien y eres talentosa por demás. Sé bien quién eres más allá de la mujer que han visto en tv y ven a diario en las redes... porque la mujer que no ven es la que está detrás de un bolígrafo y un cuaderno —al estilo clásico— o escribiendo desde su computadora. Es una mujer muy trabajadora, perseverante, muy interesante y es mi hermana, a la que admiro y respeto profundamente en todas sus facetas profesionales. Qué sigan los éxitos porque sé que siempre estás en una constante evolución personal y profesional. Eres una mujer de retos y, en este libro, lo vemos plasmado en cada página. Love you!".

Pekas
@Pekas007
Hermana

"Me encantó. Es un libro muy alentador, que rompe con los esquemas de lo que, a veces, pensamos deben ser las redes sociales y su manejo. En mi caso, que trabajo con Mercadeo y Redes, fue de gran ayuda leerlo (de hecho ya lo he leído dos veces), porque hay un aprendizaje importante: se puede vivir de las redes sociales; se deben manejar correctamente de forma orgánica, solo hay que comenzar a hacerlo, trabajar en un buen hashtag que defina la comunicación. Adicionalmente, aunque conozco a Caro desde que nací, aprendí a valorar, aún más, todo el esfuerzo que ha hecho para tener cada una de las cosas que ha logrado hoy en día. Es un libro fresco, con imágenes hermosas y una historia que nos enseña que los sueños pueden hacerse realidad, solo debemos trabajar por ellos y andar por el camino correcto".

Luisa Rivas
@unamamasintabu
Lic. en Comunicación Social/
Especialista en Mercadeo

"Me pareció una lectura fresca y positiva. De paso, te enseña sobre el tema de las redes sociales, cómo sacarles provecho e, incluso, trabajar la negatividad que puede haber en ese mundo. Me gusta lo transparente que es y que dice las cosas como son. Me enteré de muchas cosas que no sabía y me gustó".

Humberto Durán
@internetesmipastor
Publicista /Gerente de Medios

"Creo que no conocía a Carolina Sandoval del todo hasta que vi el lanzamiento de este libro. El cual, por las circunstancias de pandemia, resultó ser el más real, cercano y digital que he visto. Y pues, ¿de qué otra manera podría lanzarse un libro como este? Lo hizo en un Instagram Live, en la sala de su casa, derramando lágrimas de orgullo junto a su familia, sin parar de agradecer a sus seguidores y también a personas que han formado parte de su camino, sobre todo aquellos que, la cito textual: 'me quieren realmente y no me buscan solo para que los mencione en redes'. Fue un momento hermosísimo. Y es que Carolina se atrevió a compartir, públicamente, cómo su intuición, persistencia y autenticidad le han permitido crear un concepto súper poderoso y construir con él una comunidad de más de 7 millones de seguidores, a pesar de los baches en el camino. Pasó de ser 'La reina del NO' para convertirse en 'La reina de la Faja'. Así me di la oportunidad de leer su libro para confirmar que, definitivamente, RECONOCERTE como capaz y permitirte brillar con lo que te hace único, es la clave de una propuesta de valor poderosa e inspiradora, tanto en redes como en la vida. La historia y el concepto de Carolina exudan autenticidad, libertad y mucha valentía, escogiendo decirse siempre 'Sí' a sí misma y al valor que tiene para dar al mundo. Para mí, eso es éxito, y los resultados que muestran este libro lo prueban".

Daneff Dávila
@geniacreativa
Psicólogo y Coach de Propósitos Creativos

"Me gustó tu libro. Caro, te confieso que me alegra mucho el éxito que has logrado, cómo has superado dificultades y cómo has logrado tu sello propio en las redes sociales. ¡Te felicito! Sigue con tus asesores y multiplicando tus finanzas. Tienes un carisma único y luz propia como lo señalas en el libro. No tengo nada que criticarte, solo sugerirte que cuides todo lo que has construido y mantén coherencia en todo lo que publiques siempre. No les respondas a los que te critiquen, ya sabes que sobran los egoísmos. Sigue adelante con tus sueños. Puedes tener muchos seguidores, pero quien te ama es tu familia. ¡Felicitaciones! 💫 Estoy orgullosa de ti. Un abrazo y muchas bendiciones. Besos 😘 a tus bellas hijas y a mi querida Duquesa".

Rusbelia E. Guzmán
@rusbeliaguzman
Ginecóloga y Obstetra

"Tu libro me ha parecido entretenido e interesante, por tu narración de cómo iniciaste tu camino en las redes sociales. También será muy útil para los lectores que deseen tener más conocimientos en ese inmenso campo. Es un libro divertido y espontáneo. Un día, no sé ni cómo, vi un video tuyo en Facebook. Me reí muchísimo y me identifiqué contigo. Nos parecemos en carácter, aunque tengo que reconocer que no soy tan decidida como tú. Formas parte ya de mi vida cotidiana. Felicidades por tu libro, te mando un besote desde Canarias". 😘😘😘😘

Ana Ramírez
Seguidora #CaroLover

"Tu libro es maravilloso. Es un libro que te mantiene pegada a él, que no lo quieres dejar de leer. Por eso lo leí todo el mismo día que me llegó. Desde la primera página no pude parar de leerlo. Hay información que uno no sabía. Por ejemplo, cómo fue que tú decidiste hacer una cuenta de Instagram, qué te motivó a hacerlo y cómo se ha convertido en algo que amas. Y, al mismo tiempo, este libro es como un instructivo de vida. Por medio de tu historia te enseña cómo ser tú y cómo lograr tus sueños siendo tú. Al principio, yo te copiaba porque pensaba que así iba a obtener más seguidores, pero después de leer tu libro entendí que hay que ser uno mismo y todo fluye. Y que eso es lo más importante, además de transmitir un mensaje positivo. Para concluir, este libro es el más interesante y más bonito que he leído. Es un libro con el que yo aprendí cosas y que usaré como estilo de vida así como dices tú". 👑👑

Thalía Starbuckschick
Seguidora #CaroLover

"Nuestra filosofía como editorial a demanda es 'si una historia vale la pena, conviértela en libro', por eso no dudamos en publicar las historias que Carolina aquí nos cuenta. Ya sea que conozcas a la 'venenosa' o a Caro, sentirás que te habla con franqueza, de tú a tú y sin pelos en la lengua. En sus diferentes plataformas digitales, ella nos abre las puertas de su vida para compartir lo que siente, aquello que le emociona, que le mueve y apasiona. Sí, este libro es una ventana más para compartir con Carolina, pero también es una oportunidad para aprender, a través de sus anécdotas, aciertos y desaciertos, a sacarles provecho a las redes sociales y crecer profesionalmente.
Tú que nos lees, gracias por apostar a la lectura franca y cercana. Nos vemos en otro libro".

Andrea Vivas Ross
Editora y CEO de ***@paquidermolibros***

BONUS (Algunos mensajes de mis queridos seguidores)

3520

Mi regalo de Navidad sería que usted respondiera mi mensaje. Desde hace un par de años salí de mi hermosa Venezuela a luchar por un futuro mejor; abandonando todo lo que fui. Al estar en otro país, teniendo que dormir en el piso, comer poco y enfrentar humillaciones y desprecios, comenzó un grado fuerte de depresión, extrañaba a mi madre, mi padre, mis hermanos, mis sobrinos, en fin, a toda mi familia. Es peculiar mi gran afecto familiar, los gochos somos así. En mi bella y añorada Mérida somos bastante familiares. Mientras los días pasaban, más fuerte era la depresión y de haber salido de la mejor escuela de Cinematografía como Licenciada, me encontraba en Santa Marta, Colombia, echando pico y pala en la construcción de una casa, literalmente recogiendo mangos, limpiando pisos, vendiendo dulces en la calle, entre otras cosas... no tenía celular en esos momentos. Un día, llegué con mi novio a una plaza donde regalaban wifi y del celular de un amigo nos conectamos, cuando abrí mi Facebook me apareció un video de una persona que cambió mi vida, la transformó, una persona que, sin darse cuenta, eleva el autoestima de cualquiera, hace llorar y te toca tus fibras con su forma tan peculiar de ser. Esta persona me inspiró, me sacó de mi oscuridad, de mi depresión, de mis intentos suicidas. No es sencillo que alguien logre eso en una persona que está a kilómetros de distancia y que, con sus videos, logre conmover tanto a otra persona. Esa persona es Carolina Sandoval. Tal vez, mi mensaje sea muy tonto e insignificante, quizás esté escribiéndole este mensaje al viento y usted nunca lo lea, pero si algo he aprendido de usted, en estos dos años, es que nunca hay que dejar de soñar y que nunca debemos dejar la FE. Es por eso que le escribo con lágrimas en mis ojos y le digo: GRACIAS CAROLINA, GRACIAS, GRACIAS GRACIAS. Con su carisma y su energía bonita me ha sacado de mis más duros momentos, no me importó pedir mil veces un teléfono prestado para verla, robar wifi en muchísimas oportunidades solo para escuchar su voz y sentir que la vida es hermosa y que, con todo y sus dificultades, siempre hay un 'hola, hola Pepsi-Cola', que te va a remover todo y hará sentir tranquila. Solo desearía poder hacer un documental de usted, aunque sé que es imposible yo viajar hasta dónde usted está, porque no cuento con los medios. Quiero que sepa que voy a buscar todas las formas para conocerla porque usted me inspiró y me volvió a la vida. Sé que mi Fe es muy grande y sé que aún sigue leyendo mi mensaje. Ojalá y pueda conocerla algún día. Me quedo corta con tantas cosas que deseo decirle. Gracias por ser quién es y avivar mis días.

2205

Hola, me llamo Peggy Leyton Álamos, soy de Chile, nací en Chuquicamata después me fui a vivir a Antofagasta, segunda región, y actualmente vivo en Coquimbo, cuarta región.
Mi hija Javiera nació con una cardiopatía malformación de Ebstein, ella lleva una vida normal, excepto que cuando se cansa se sienta y nadie la para ja ja ja ja. No la operamos tan chiquita porque estaba bien, ahora que cumplió 12 años la operaron del corazón, pues ya su estado de vida no era bueno y en 2 años más se iría en el sueño, así que la operaron, gracias a Dios, salió todo bien, pero a las 2 semanas el corazón desarmó todo lo que habían hecho los doctores y quedó peor, ufff otra vez a operarla, pero esta vez sí que fue terrible la operación, duró más, como 8 horas, gracias a Dios la operación fue todo un éxito, pero ella salió muy mal, su corazoncito no resistió esta operación y el doctor dijo que era como si un camión la atropellara diez veces, y que estaba en un 99% de mortalidad. Yo no di más guerra, me arrodillé en el piso y le pedí perdón a Dios y a la Virgen, que como ella también es madre que hablara con Dios y que no se la llevara. En estos 13 años de casada nunca había visto llorar a mi esposo, uffff, a Javiera la conectaron a una máquina para que su corazón descansara y no hiciera tanto esfuerzo, imagínate ver a tu hija conectada a tantos cables y dos mangueras grandes en su pechito y que todos los días nos dijeran que algún órgano estaba mal. Fue terrible, pero el apoyo de los papás que ya habían pasado por esto en el hospital nos ayudó mucho, en realidad mucha gente que no conocíamos nos ayudó tanto en el donar sangre. La máquina se dejaba conectada por 5 días y si no pasaba nada, 2 días más y si no se descontaba y la Javi se iría, gracias a Dios pasó bien todo y, después de 2 meses, despertó. Fue un proceso largo en despertar y que se adaptara a su recuperación. Bueno esto te lo conté en resumen para no hacerlo tan largo.

La Javi se recuperó y lo único que le quedó fue una neuropatía por paciente crítico en estado de coma, sus piernitas no se movían. Llegamos a Coquimbo todos contentos con ella, pues había salido de una larga batalla. Ahora está en la teletón recuperándose y va súper bien, ya no está en silla de ruedas, camina solita.
Sabes, no te cuento esto para hacerme la víctima ni mucho menos, sino para decirte que me he sentido muy mal, a pesar de que ya pasó todo, no sé cómo recuperarme, y un día, mirando Instagram me encontré un video tuyo almorzando. Al principio te miré por mirar, pero ahora cada vez que te veo, no sé cómo lo haces para darme tanta energía ja ja ja ja igual creo que como todos, no siempre tienes días buenos, pero en fin, la cosa es que desde que te veo me alegras mucho los días y espero siempre poder verte.
Yo tengo un almacén en mi casa, vendo pan y cosas de abarrotes, así que puedo verte tranquila je je.
Quería darte las gracias por hacerme el día, a pesar de que no sé cómo salir de esto que siento mal en el cuerpo, muy cansado.
A lo mejor ni me lees, pues seguramente te escribe mucha gente, pero ya cumplí en escribirte y desahogarme y contarte un poco de mi vida.
GRACIAS POR TU ALEGRÍA.
UN ABRAZOTE, PEGGY
(Disculpa la redacción, pero nunca fui buena y estoy hecha un mar de lágrimas).

NOTA: Por respeto a la persona, se omitió parte de su historia personal.

EPÍLOGO

#LosLeo

**Este espacio será para comunicarnos,
para que me cuentes lo quieras.
Solo debes seguir estos
sencillos pasos:**

**Escribe aquí tu mensaje
Tómale una foto a la hoja
Súbelo a tu Instagram
Menciona a *@venenosandoval* y
usa la etiqueta *#ElLibroDeCaro*
para poder leerlo.**

¡DIME QUÉ **POSTEAS**
Y TE DIRÉ **QUIÉN ERES!**

@venenosandoval

ÍNDICE

#CosasQueSienteCaro

#CosasQueLePasanALaVenenosa

#ElAlmuerzoConCaro

#LaReinaDeLaFaja

#QueBellaMeVeo

#LasSandoval

#CosasQueSienteAmalitica

#LaMujerDeMiVida

#CaroYNick

#ElTrasnochoConCaro

#VísteteConCaro

#LaLuzBrillaSinEsfuerzo

#TeLoJuroPorMiFaja

#ElRitualDelSilencio

#LaReinaDeLasTías

#CeroComplejos

¡Hola, hola, mis amores!

Esta segunda edición del libro ***¡Dime qué posteas y te diré quién eres! @venenosandoval*** se terminó de editar y diseñar en el mes de agosto de 2020.

Made in United States
Orlando, FL
04 November 2026

90201280R00107